# 당신이 아는 골프 영어, 당신만 모르는 뜻

**당신이 아는 골프 영어, 당신만 모르는 뜻**

**발 행** | 2022년 11월11일
**저 자** | 허정혁
**펴낸이** | 한건희
**펴낸곳** | 주식회사 부크크
**출판사등록** | 2014.07.15(제2014-16호)
**주 소** | 서울특별시 금천구 가산디지털1로 119  SK 트윈타워 A동305호
**전 화** | 1670-8316
**이메일** | info@bookk.co.kr

**ISBN** | 979-11-372-9964-1

www.bookk.co.kr

# 당신이 아는 골프 영어, 당신만 모르는 뜻

허정혁 지음

# 작가 소개

**허정혁 (許正赫)**

집안 내력대로 어려서부터 수학이나 과학과목은 싫어했고 소설과 역사를 좋아하여 국문과나 사학과에 가서 소설가나 역사학자가 되려고 했었지만 결국 아버지(서울대 기계공학과 졸업)와 같이 사회와 타협(?)하며 살기위해 고려대에서 경제학을 전공하였고, 순전히 운(?)으로 영국 외무성 장학금을 받아 경영전략을 전공으로 런던비즈니스스쿨(LBS)에서 MBA 과정을 공부했다. 용산 미8군에서 카투사로 군대생활을 마쳤고, 삼성전자 전략마케팅실, CJ주식회사 전략기획실, 동부그룹(現 DB그룹) 등에서 근무했으며, 현재 모기업 해외전략실에서 근무 중이다. 외국어에 관심이 많아 영어와 중국어는 물론 일본어, 스페인어, 독일어, 러시아어, 프랑스어도 공부했지만 그나마 잘하는 외국어는 영어와 중국어 뿐으로, 영어는 OPI(Oral Proficiency Interview) Test에서 "Level 10(Native Level)"을 받았고, 중국어 공부를 시작한지 단 3년 만에 중국어 전공자들도 합격하기 어렵다는 "HSK(한어수평고시) 6급"에 합격했으며, 바쁜 와중에 짬을 내어 일본어 공부를 다시 시작한 26년차 직장인이다.

# CONTENTS

## 들어가며

한 때 "허프로"라 불렸던 사나이가 있었다. 프로나 아마추어를 막론하고 골퍼 사이에서는 예의상 서로의 성(姓) 뒤에 "프로"를 붙여 불러주는 오랜 관행이 있긴 하지만, "허프로"의 골프에 대한 열정은 그 누구보다 더 강렬했으니...그는 런던 한복판에 위치한 "Regent's Park Golf Club(리젠트파크 골프클럽)"에서 현역 PGA 프로로부터 일주일에 3회씩 골프 레슨을 받음은 물론 매일같이 골프 연습장에서 2시간 동안 스윙과 퍼팅 연습을 했고, 주말과 수요일을 제외한 매주 4회씩 골프 라운드를 돌았다. 어디 그뿐이던가, 필(Feel)이 좀 심하게 오는 날에는 오전과 오후에 각각 18홀씩 총 36홀을 돌고, 이미 황혼이 내려앉아 어두컴컴한 골프장에서 조명도 없이 또 다시 9홀을 돈 적도 있었다. 그에 더해 런던 근교에 위치한 모든 골프장을 섭렵하겠다는 대담한(!) 목표 하에 매주 새로운 코스를 하나씩 개척해가며 그 정보를 한국과 일본 유학생들에게도 전파하였으니. 이런 그가 연습장에서 골프 교본을 딱~하니 펼쳐놓고 그 내용을 섬세하게 하나하나씩 체크해 가며 스윙 연습을 하기 시작하자 주위에서 그를 지켜보던 골프 클럽 회원들이 이구동성으로 한 마디씩 하기 시작했다. "오, 역시, 허프로야!".

그러나 "These violent delights have violent ends...The sweetest honey is loathsome in its own deliciousness...(격정적인 기쁨은 갑작스런 종말을 맞이할 것이며...달콤한 꿀은 그 달콤함으로 인해 오히려 싫어하게 될지니...)"라는 대문호 "William Shakespeare(윌리엄 셰익스피어)"의 격언처럼, 어느 순간 "허프로"는 골프에 완전히 등을 돌리고 말았으니. 자신의 엄청난 노력에도 불구하고 실력이 생각만큼 늘지 않자 골프에 대한 의욕과 목표를 전부 상실한 나머지 모든 에너지가 방전되어 버린 것이었다. 그리하여 그 후 한 달 간은 골프의 "골", 아니 "G"자도 생각하지 않고 골프에 대한 모든 것을 망각하려 애쓰며 자신의 본업인 대학원 공부와 고전 소설 읽는 것에 집중했다. 그러던 어느 날 그의 눈에 들어온 명언이 하나 있었으니, 그것은 바로 "바람과 함께 사라지다"의 작가인 "Margaret Mitchell(마가렛 미첼)"의 "Life's under no obligation to give us what we expect. We take what we get and are thankful it's no worse than it is (인생은 인간이 원하는 것을 줘야 할 하등의 의무가 없다. 우리는 우리가 가진 것에 만족해야 하며, 상황이 이보다 더 나쁘지 않은 것에 감사해야 한다)"였다. 아, 이 격언에서 "Life"를 "Golf"로 바꾸면 어떻게 되는가? 그러면 바로 "골프는 네가 원하는 것을 줘야 할 하등의 의무가 없다"가 아니던가. 그 어떤 상황에서라도 인생은 물론 골프에게도 너무 많은 것을 바래서는 안되는 것이었고, 그냥 즐겁게 집중할 대상이 생겼다는 그 사실 자체에만 감사하면 되는 것이었다. 한 번 생각해 보시라. 인류의 역사를 통 털어 자신이 노력한 만큼 다른 사람에게 인정 받거나 혹은 그 결실을 곧바로 거두는 경우가 단 한번이라도 있었던가 말이다. 오히려 그와 반대로 노력한 정도와 결과가 음의 상관관계를 갖는 경우마저 허다하지 않았던가. 그리하여 한 평생 여기저기 떠돌며 마음 고생이 심하셨던 공자님도 한 말씀하셨다. 人不知而不慍(인부지이불온)이면 不亦君子乎(불역군자호아)라고, 즉, 타인들이 (혹은 골프가) 나를 인정해 주지 않아도 성내지 않으면 진정한 군자가 아니겠냐고 말이다.

전세계 성현(聖賢)들의 말씀을 가슴에 깊게 새긴 "허프로"는 그 후 진정으로 골프를 즐기는 방법에 대해서 고민하면서 골프를 다시 시작하게 된다. 또한 (너무 흔한 말이긴 하지만) 지나침이 모자람만 못하다는 격언을 머리에 담고 "(골프 연습을) 꾸준히 하되 중용을 지킨다"는 나름대로의 규칙을 세워 매일매일 실천하였다. 그렇게 모든 것을 내려 놓고 마음을 편하게 가지니 골프가 더 잘됐다. 그리하여 경영대학원을 졸업할 무렵인 2004년 여름에는 싱글에는 약간 못 미치지지만 준싱글급 실력을 갖춘 골퍼가 되어 있는 자기 자신을 발견하게 된다.


그 후 아쉬운 마음을 뒤로 하고 골프의 본고장인 영국을 떠나 고국인 한국으로 돌아온 허프로는 다시 한번 골프에 대한 열정을 상실하게 되는데...지하철 역과 그리 멀지 않은 곳에 있었던 런던 인근의 골프장과는 달리 한국의 골프장들은 자가용이 없으면 접근 자체가 아예 불가능했고, 복장과 장비에 대한 경쟁 심리는 상상하기도 어려울 정도였으며, 그에 더해 내기 골프는 물론 영국에서는 경험해 보지 못한 캐디 동반 등 마음에 들지 않는 것이 한 두 가지가 아니었다. 하지만 그 중에서도 골프로부터 마음이 멀어진 가장 큰 이유는 바로 너무 비싼 비용 때문이었으니...회원권이 있는 친구랑 가도 런던에서 치는 것보다 최소한 두 세배는 더 비쌌고 이는 그나마 싸다는 퍼블릭도 매한가지였다. 그리하여 정말로 오랫동안 그는 골프를 멀리하게 된다.

하지만 아직까지도 그를 "허프로"라 부르는 그의 대학원 동기들 덕분일까. 코로나사태와 함께 슬슬 되살아 나기 시작한 한국의 골프장 경기와 더불어 허프로의 골프에 대한 열정 또한 다시 슬슬 부활하고 있으니 말이다. 그리하여 예전에 썼던 골프 일기와 골프에 대한 기억을 하나씩 되짚어 가며 이 책을 쓰게 되었다.

이 책은 지금껏 필자가 발표했던 "당신이 아는 야

구 영어, 당신만 모르는 뜻", "우주선 이름으로 재미있게 공부하는 영어/중국어 단어", "당신이 아는 영화 제목, 당신만 모르는 뜻", "걸그룹 이름으로 재미있게 공부하는 영어 단어" 등과 더불어 영어 대중화를 위한 "쉽게 공부하는 영어 시리즈"의 하나로서, 이번에는 전세계에서 가장 인기 있는 스포츠인 야구와 축구를 결합한 21세기 융합형 스포츠인 골프(= 야구의 "방망이로 세게 때림" + 축구의 "특정 장소에 공을 집어 넣음"을 결합)와 관련된 다양한 영어 단어와 그 뜻을 필자가 직접 경험한 골프 라운드, 골프 관련 서적, 그리고 인터넷 자료 등을 참고하여 정리하였다. 총 3권으로 구성될 이번 "골프 시리즈" 중 제일 첫 번째인 이 책에서는 우선 골프의 역사와 그에 관련된 영어 단어를 알아보고, 2장에서는 골프의 3대 구성 요소인 골프채, 골프공, 골프홀과 연관된 영어 단어를 소개한 후 마지막으로 우드/아이언/퍼터 등의 기능과 그들의 영어 별칭 등에 대해서 함께 공부해 보려고 한다. 필자의 본래 목표는 이 1권에 제4장 "버디/이글/알바트로스 – 나 완전히 새 됐어?!"까지 포함시키는 것이었으나 지면 및 기타 이유 등으로 1권에서는 일단 3장까지만 소개하고, 2권에서 골프 스코어, 기타 골프 장비, 유명 골프장 명칭의 유래 등에 대한 내용을 담으려고 한다.


앞으로도 필자는 비단 골프라는 주제에만 국한되지 않고 영어는 절대 어려운 것이 아니며 누구나 다 영어를 잘 할 수 있다는 자신감을 모두가 가질 수 있도록 이 "쉽게 공부하는 영어" 시리즈를 계속해서 써내려 갈 것이다. 아무리 지능과 학습 능력이 떨어지는 영국 혹은 미국 사람이라 할지라도 다들 영어는 정말로 잘하지 않던가? 그들보다 훨씬 뛰어난 지적 능력을 지닌 당신이 영어를 못할 이유는 이 세상 그 어디에도 없다. 또한 이를 골프에 적용해 보면, 당신보다 신체적 혹은 지능적으로 그다지 뛰어나지 않는 사람들도 골프를 잘만 치지 않던가? 이 역시 뚜렷한 목표를 세우고 꾸준히 연마하다 보면 언젠가는 준프로급의 실력을 갖추게 될 날이 올 수도 있을 것이다. 영어던 골프던 의지를 갖고 지속적으로 노력하다 보면 그 날이 언젠가는 올 수도 있고 그렇지 않을 수도 있지만, 허구한 날 빈둥빈둥 혹은 뒹굴뒹굴 거리기만 한다면 그 날은 절대로 오지 않을 것이다.

　　세계 최고봉인 에베레스트 등반에도 성공했던 한 유명 산악인은 산을 오르면서 가장 힘들었던 점이 무엇이었냐는 질문에 "(등반을 위해) 집 밖으로 나가는 것이 가장 힘들었다"라는 대답을 했다고 하는데, 골프 용어에 대한 책을 쓴 허프로, 아니 허작가(^^) 역시 이 책을 쓰면서 가장 어려웠던 점이 "침대에서 몸을 일으켜 책상까지 기어가서(!) 컴퓨터를 켜는 것"이었던 것 같다. 글 쓰기의 괴로움(!)을 지인들과 함께 필드를 거니는 상쾌함으로 달래볼 날이 하루 빨리 오기를 고대하며, 예전 본인의 별칭이었던 진정한 "허프로"로 거듭나기 위해서라도 오늘부터 오래된 골프채를 다시 꺼내 골프 연습장에서 연습이라도 해야겠다. 아무쪼록 이 책을 읽는 독자 모두가 영어던 골프던 "반복에 지치지 않는 자가 성취한다"라는 경구를 가슴 깊이 간직하며 이 책을 끝까지 읽었으면 한다. 또한 이 책을 통해 골프와 영어에 대해 새로운 것을 보고 느꼈으면 하는 마음 간절하며, "아는 만큼 보이고, 보이는 만큼 느낄 수 있으며, 느끼는 만큼 행동할 수 있다"는 명언처럼 필자를 포함한 우리 모두가 "열정적인 행동가"가 되기를 바라 마지 않는다.

강남 테헤란로 한 복판에서 떠오르는 붉은 해를 바라보며,

2022년 겨울의 길목에서,

작가 허정혁

# 제1장. Scotch, Sheep & Rabbit

## : 스카치, 양, 그리고 토끼가

## 골프의 창시자라고?

## [ 에피소드 1. 1989년 3월 서울 안암동 K대학교 강당 ]

때는 1989년 3월, 비록 국민이 직접 뽑은 대통령이 나라를 통치하고 있었건만 하루가 멀다 하고 대학 캠퍼스에서는 시위가 벌어졌고 지독한 최루탄 가스만 자욱했다. 상황이 이러했지만 이제 막 대학 신입생으로 입학한 정혁의 가슴 한 켠에서는 낭만적인 연애에 대한 염원이 모락모락 솟아오르고 있었고, 그의 또 다른 가슴 한 편에서는 그간 치열한 대입 준비로 인해 억눌려 온 예체능에 대한 열정 또한 불타 올랐으니. 그리하여 중학교에 입학한 이후로 전혀 거들떠 보지도 못하던 클래식 피아노를 다시 치기 시작했으며 한국에서는 너무 흔한(?) 태권도 대신 중국에서 건너 온 쿵푸를 열심히 배우기 시작했다. 그럼에도 성이 차지 않았던 그는 학교에서 교양 체육도 수강해야겠다는 생각으로 열심히 수강 신청 책자를 뒤지고 있던 중 별안간 그의 조그마한 눈이 번쩍 뜨였으니! 그 이유는 바로 "교양 골프 (수업)" 때문이었다.

*흠...아버지 서재에 골프채가 있던데 이 참에 스포츠*

*신문에서나 보던 골프라는 스포츠를 배워봐? 그래, 한 번 해보자.*

이제 막 결심을 굳힌 정혁이 검은색 수성 사인펜으로 수강 신청을 막 하려는 순간, 옆에서 웬 날 선 목소리가 들려왔다.

"뭐? 교양 체육으로 골프를 하겠다고? 너 부르주아, 아니 니네 집 부자야?"

외마디 소리에 놀란 정혁이 눈을 들어보니 그의 바로 옆에 당시 학과 학생회장을 맡고 있던 3학년 L선배가 서있었다. 신입생들이 강당에서 수강 신청을 하고 있다는 소식을 어디서 들었는지 그곳을 찾은 그는 훈계하듯 계속 말을 이어 나갔다. 지금 모든 학우들이 반독재 반외세 투쟁에 "가열차게" 나서고 있는데 거기에 동참하지는 못할 망정 "부르주아 스포츠"의 대명사인 골프를 배우겠다니 도대체 너는 정신이 있는거냐 없는거냐, 내일 아니 지금 당장이라도 나와 함께 이 참담한 현실을 어떻게 개혁할 것인지 학습하면서 행동에 나서자 등등. 타고난 자유주의자

(?)인 정혁의 귀에 그 선배의 말은 정말로 단 한 마디도 흘러 들어오지 않았건만...결국 자의반 타의반 골프 수강은 포기하고 그나마 조금 덜 부르주아틱한(?) 테니스로 낙착을 보고 말았다. 하지만 테니스 라켓을 들고 캠퍼스를 누비는 것조차 쉽지 않다는 것을 정혁이 깨닫기까지는 그다지 오랜 시간이 걸리지 않았으니, 몇몇 친구들과 어울려 첫 테니스 수업을 받던 정혁은 셀 수 없이 많은 "학우들"의 따가운 시선을 받아야만 했다. 게다가 어떤 날은 테니스 수업을 받으러 가다가 가두 시위를 하기 위해 교문 밖으로 향하던 선배 및 동기들과 정면으로 마주쳐 당혹감을 느끼기도 했다.


*아니, 이럴 거면 조금이라도 "부르주아틱"한 교양 체육 과목은 다 폐지를 해버리던지 할 것이지, 이게 다 뭐 하는 짓들이람.*


외부 환경에 의해 자신의 자유로운 선택권이 제한

받는 것에 심한 갑갑함을 느낀 정혁은 자신에게 날아오는 테니스 공을 세게 후려 갈기며(?) 속으로 생각했다.

*내년에 2학년이 되면 꼭! 골프 과목을 들어야지. 군대 가기 전에 내가 해보고 싶은 것은 다 해보고 말 테야!*

하지만 그 때 정혁은 결코 알지 못했다. 그가 실제로 골프채를 잡게 되는 것은 바로 그 다음 해는 커녕 그로부터 십 수년이 훨씬 지난 후라는 것을...

**[ 에피소드 2. 2003년 8월, Edinburgh(에딘버러)의 어느 햄버거 매장 ]**

그 해 런던의 여름은 한 마디로 끔찍했다. 정확히 1년 전인 2002년 8월에 이 곳으로 유학 온 정혁이 느낀 런던의 첫 여름은 단순한 시원함을 넘어선 쾌적함 그 자체였건만, 2003년 여름은 그 시작부터 연일 최고 기온을 경신하더니 7월 중순부터는 거의 섭씨 40도에 육박하고 있었다. 하지만 그 전까지 런던의 여름 평균 온도는 25도 내외였기에 그가 와이프가 함께 머물던 부부 기숙사에는 에어컨은 커녕 선풍기 하나 없었다. 찌는 듯한 더위를 더 이상 견딜 수 없게 된 그는 여름방학 동안 인턴으로 일하기로 한 회사에 출근 하기 전까지 약 열흘 동안 영국 북부의 Scotland(스코틀랜드)로 피서를 떠나기로 했다.

무더위로 달아오른 철로 탓에 약 2시간 가량 연착하긴 했지만 스코틀랜드의 수도 Edinburgh(에딘버러)에 무사히 도착한 정혁 부부, 런던보다 훨씬 시원한 날씨에 한 숨 돌리며 Edinburgh Castle(에딘버러 성), Arthur's Seat(아더의 언덕), Scotland National Museum(스코틀랜드 국립 박물관) 등 유명 관광지를 돌아보며 관광 삼매경에 빠졌으니. 게다가 스코틀랜드 사람들은 또 얼마나 친절한지, 슬쩍 눈만 마주쳐도 미소 띤 얼굴로 인사를 건네는 것은 물론 길을 잃고 약간 헤매는 듯하면 묻지도 않았는데 먼저 와서 길을 가르쳐 주고, 버스 승하차 시에도 정혁 부부에게 순서를 기꺼이 양보하는 등 여러모로 각박한(?) 런던과는 매우 다른 인정이 풀풀 넘치는 사람들 뿐이었다. 하지만 세상 만사가 그러하듯 모든 것이 다 좋을 수는 없는 법, 한가지 심각한 문제가 있었으니 - 그것은 바로 그들이 하는 말을 도통 알아 들을 수가 없다는 것이었다. 분명 영어 같기는 한데 한두 번 들어서는 도대체 뭐라고 떠들어 대는지 전혀 이해할 수 없는 것은 고사하고 심지어 햄버거 하나 주문하는 것도 너무 너무 어려웠다. 결국 자신이 주문한 것과 영 다른 햄버거를 마지못해 씹어 먹던 정혁, 그런 그의 눈을 별안간 확~ 하고 사로잡은 것이 있었으니 - 그것은 바로 저~ 멀리 보이는 스코틀랜드의 해변가였다.


*아, 스코틀랜드 사람들은 저런 해변가에 있는 "Links Land(링크스 랜드, 바닷가에 쌓인 모래가 만든 작*

*은 언덕)"를 개조해서 세계 최초의 골프장이라는 "Links Course(링크스 코스)"를 만들었구나! 참으로 대단한 사람들이야!*

 

    햄버거 가게 유리창을 통해 저 멀리 떨어진 해변을 물끄러미 바라보던 정혁의 머리 속에는 저 옛날 양떼를 몰던 스코틀랜드 목동이 지팡이로 돌멩이를 쳐 토끼 굴에 넣던 모습이 떠오르는 듯 했다. 골프의 기원이 로마다, 네덜란드다, 중국이다 하면서 자기가 원조라고 서로들 우기고 있긴 하지만, 대충 구해 온 나무 막대기로 아무렇게나 굴러다니는 돌멩이를 쳐 움푹 파인 구멍에 넣는 그런 원시적인 놀이가 아닌 제대로 된 규격과 형식을 갖춘 현대 스포츠 "골프"를 만들어낸 것은 그 누가 뭐라해도 "스코틀랜드 사람"이 맞다. 그러하기에 골프의 발상지로 추앙받는 스코틀랜드의 St. Andrews(세인트 앤드루스)에서 열리는 골프 대회는 "The Open(디 오픈)", 즉, 뭐한 마디 덧붙일 것도 없이 그냥 "그 대회"라고 불리지 않던가.

어디 골프 뿐이던가, 근대 경제학의 창시자인 Adam Smith(아담 스미스), 페니실린을 발견한 Alexander Fleming(알렉산더 플레밍), 세계 최초로 전화기를 실용화한 Alexander Graham Bell(알렉산더 그래험 벨), "피터팬"의 작가 James Matthew Barrie(제임스 매슈 배리), "지킬박사와 하이드씨"를 쓴 Robert Louis Stevenson(로버트 루이스 스티븐슨)까지, 정말로 그 얼마나 많은 스코틀랜드인들이 인류의 삶을 한 단계 높게 발전시키고 또 우리에게 크나 큰 즐거움을 안겨 줬는가 말이다. 그리고 마지막으로 스코틀랜드의 역사에서 절대 빼놓을 수 없는 위인이 한 분 계시니, 그가 바로 잉글랜드에 맞서 스코틀랜드의 독립 운동을 이끌었던 William Wallace(윌리엄 월리스)이다. 비록 인생의 많은 부분이 전설 속에 가려져 있고 그의 일대기를 영화로 만든 "Braveheart(브레이브하트)" 역시 소설에 기반을 두고는 있기는 하지만, 그는 명실상부한 스코틀랜드의 최고 영웅이 아니던가. 안타깝게도 그는 1305년 서른 다섯의 젊은 나이에

"Freedom(자유)!"을 외치다 저 세상으로 떠났지만, 아직까지도 수 천만에 이르는 인류가 그의 후손인 스코틀랜드인이 글로벌 스포츠로 발전시킨 "골프"를 즐기고 있지 않은가 말이다. 골프 헤드의 정 중앙(Sweet Spot)에 딱! 하고 맞은 골프 공이 마치 새처럼 광활한 초원을 향해 멀리멀리 날아가는 광경을 바라보며 "사장님, 나이스 샷!" 아니, "Freedom!"을 외치면서...

"안 먹어본 사람은 있어도 한 번만 먹어본 사람은 없다."

"안 해본 사람은 있어도 한 번만 해본 사람은 없다."

최근(2022년) 이런 광고 문구가 유독 눈에 많이 띈다. 흔히 말하는 "장사(Business)"의 속성이란 게 지구의 자전과 공전처럼 반복되는 지속성과 연속성이기에, 그리고 새로운 고객을 유치하는 것보다 기존 고객의 반복 구매를 유도하는 것이 매출 증가나 수익 창출 측면에서 **훨씬** 더 유리하기에 등장한 광고 문구이리라. 또한 그들이 판매하는 제품과 서비스가 차별성은 물론 강한 중독성도 가지고 있음을 강조하고 있기도 하다.

그런데 혹시 여러분은 알고 계시는가? 이 말의 원조가 17세기 프랑스의 아주아주 유명한 철학자이자 작가인 "François Duc de La Rochefoucauld(프랑수아 드 라 로슈푸코)"라는 것을? 그는 "One can find women who have never had one love affair, but it is rare indeed to find any who have had only one (연애를 단 한 번도 해보지 않은 여성은 많을지 몰라도 딱 한 번만 연애를 해본 여성은 없다)"라는, 만일 요즘에 했다면 페미니스트들에게 엄청난 공격을 받을 수도 있는 말을 남겼다 (영어 원문은 이보다 좀 더 노골적이지만 번역은 이 정도로만 해두자. 이 책은 영어 독해와 관련된 책이 아니라 골프의 역사와 용어에 대한 책이므로 ^^).

만약 "꿈결 같은 연애"만큼이나 중독성이 높은 "골프"라는 스포츠에 이 명언을 적용해 보면 어떻게 될까? 이는 아마 "One can find people who have never played golf, but it is rare indeed to find any who have played only once (골프를 단 한번도 쳐보지 않은 사람은 많을지 몰라도 딱 한 번만 쳐본 사람은 없다)"가 되지 않을까? 이 말이 절대 과장이 아님은 골프를 단 한 번이라도 쳐본 사람이라면 아주 잘~ 안다.

그렇다면 전세계에 걸쳐 수천만 명에 이르는 골퍼들을 매혹시키는 골프의 매력은 대체 무엇일까. 어느 유명 골프 잡지에서 조사한 바에 따르면 ①지인들과의 대화 및 친목 도모, ②비즈니스 및 접대, ③걷기와 스윙을 통한 전신 운동, ④상대방에 대한 배려와 스스로 지키는 매너, ⑤나이가 들어서도 얼마든지 즐길 수 있는 스포츠 등이 골프의 매력으로 꼽혔다고 하지만, 필자를 비롯한 수많은 골퍼들이 느끼는 진정한 골프의 매력은 바로 자연 속에서의 힐링(Healing)과 스트레스 해소가 아닌가 싶다. 그 누가 그랬던가, "골프장은 어른들의 놀이터"라고. 골프는 마치 어릴 적 가슴 설레며 떠나던 소풍처럼 온갖 맛있는 먹을 거리를 싸 들고 친구들과 자연 속에서 재미나게 즐기는 피크닉인 것이다. 이에 더해 자신이 멋지게 드라이버 샷을 날리는 사진과 영상을 찍는 재미도 쏠쏠한데다 라운드를 마친 후 클럽에 앉아 맥주 또는 샨디(Shandy, 맥주와 콜라를 섞은 음료)를 마시며 저 멀리 빛나는 초록 빛 페어웨이와 그린을 바라보고 있노라면 조금 과장을 보태 마치 천국에라도 온 기분이 들기까지 한다.

이러한 힐링에 더해 스트레스를 해소하는 스포츠로는 골프만한 것이 없다 해도 과언이 아니다. 묵직한 드라이버를 마음 내키는 데로 휘둘러 공을 후려갈길(?) 때의 그 쾌감과 "따아악"하고 울려 퍼지는 경쾌한 금속성 파열음, 그리고 저 푸른 초원 위로 솟구쳐 **훨훨~** 날아가는 백구(白球)를 바로 볼 때의 그 쾌감이란! 어디 그뿐이런가, 내려찍듯 휘두른 5번 아이언에 맞은 골프볼이 홀 컵 바로 옆에 딱! 하고 붙어 버릴 때, 또 샌드에 빠진 공이 "에라, 될 대로 되라!"하며 힘차게 돌린 샌드 웨지(Sand Wedge)에 맞아 무사히 벙커를 탈출 했을 때, 그리고 그린(Green) 훨씬 밖에서 별다른 기대도 하지 않고 툭~ 하고 친 롱 퍼팅(Long Putting)이 "텅~~~"하는 경쾌한 파열음과 함께 홀 컵으로 빨려 들어갔을 때의 그 즐거움이라니. 이는 마치 공자님께서 말씀하신 "군자삼락(君子三樂, 군자의 세가지 즐거움)"에 감히 견줄 수 있는 기쁨이 아닐 수 없다 (게다가 내기 골프에서 돈도 땄다면 얼마나 큰 희열이 엄습해 오는가...내기는 될 수 있으면 하지 않는 것이 좋겠지만 실제로 현금이 오가는 것이 아닌 "저녁 사기" 정도는 스코어를 향상시키는데 큰 도움이 되기도 한다). 그리하여 어느 스포츠 매니아도 말하지 않았던가. 골프는 전세계를 통틀어 가장 팬이 많은 스포츠인 야구 (방망이로 공을 세게 후려 침)와 축구 (정해진 장소에 공을 집어 넣음)의 재미를 결합한 진정한 "21세기형 융합 스포츠"라고 말이다.

그런데 이런 골프의 참을 수 없는 마력에 홀라당(?) 넘어가 버린 것이 현대의 골프광뿐만은 아니었으니, 저 먼 옛날 15세기에 스코틀랜드에 사시던 분들도 얼마나 골프를 즐겼던지 당시 왕이었던 제임스 2세는 국민들이 활 쏘는 연습은 안하고 허구한 날 골프만 친다는 이유로 1457년 (12세 이상 50세 미만의) 국민들에게 골프 금지령을 내리기까지 했단다. 오호라, 왕과 같은 최고 통치자가 골프를 금한 것은 우리 한국인에게도 매우 친숙하지 않던가. 우리네 대통령님들께서도 솔선수범하여 청와대 안의 골프 연습장을 없애고 또 공식적 혹은 비공식적으로 공직자들의 골프를 금하셨으니 말이다. 멀리 최고 통치자까지 갈 것도 없이 이 장의 맨 첫머리에 소개한 골프와 관련된 에피소드만 봐도 "골프는 특권층만이 즐기는 사치스러운 운동"이라는 인식이 1980년대는 물론 최근까지도 우리 사회에 팽배해 있었던 것을 알 수 있으며, 웬만한 용기 없이는 시작하기 조차 쉽지 않았던 스포츠임은 분명한 것 같다.

하지만 어디 인간이라는 존재가 하지 말라면 안하고

또 다른 사람이 싫어하면 그 행동을 곧바로 멈추는 존재이던가? 너무 진부한 표현인지는 모르겠지만, 훔친 사과가 더 맛이 있고 몰래 숨어서 피는 담배 맛은 둘이 피다 하나가 죽어도 모르는 법이다. 그러한 고로 사회 전체 혹은 학내 분위기 때문에 골프 수업을 듣지 못하게 된 정혁은 그에 대한 반감으로 내년에는 반드시! 골프 수업을 듣겠다는 굳은 결심을 하게 되며, 골프의 재미에 홀딱 반해버린 스코틀랜드 사람들은 왕이 치지 말라고 하던 말던 계속해서 몰래 골프를 쳤다는 거다. 하긴 그 당시 CCTV와 같은 감시 장치가 있는 것도 아니고 그 드넓은 스코틀랜드 초원에 흩어져 골프를 치는 사람들을 어떻게 다 단속해서 벌금을 매기고 투옥 할 것인가? 그리하여 1470년과 1491년에 두 번이나 더 공표되었던 "골프 금지령"은 1502년에 결국 완전히 철폐되고 말았다. 그와 마찬가지로 소위 "골프 공화국"으로 불리는 우리나라에서 "공직자 골프 금지"와 같은 말은 최근 들어 거의 사라졌으며, 업무 시간과 국가 재난 상황이 아닌 이상 자유롭게 골프를 치는 분위기가 점차 확산되고 있다. 또한 2022년에 들어서는 젊은 "MZ 세대 (1980년대에서 2000년대 초반 태어난 밀레니얼 세대와 Z세대를 아울러 부르는 말)" 골퍼의 비중이 전체 골퍼의 25%에 이르는 등 젊은 세대를 중심으로 남의 눈치를 보지 않고 당당하게 골프를 즐기는 세태가 형성된 것으로 보인다.

그렇다면 시대와 국가, 그리고 성별과 연령을 초월한 이 중독성 강한 "골프"라는 스포츠는 대체 언제 어떻게 시작된 것 일까. 지금의 골프와 유사한 "막대기로 공을 쳐서 목표한 지점에 넣는" 고대 혹은 중세 스포츠로는 로마시대의 "Paganica(파가니카)", 네덜란드의 "Kolf(콜프)", 중국의 "추환(推丸)", 잉글랜드의 "Cambuca(캄부카)", 페르시아의 "Chowkan(초우칸)" 등이 있으며, 저마다 자기 나라에서 탄생한 경기가 원조라고 주장하고 있는 듯하다. 하지만 이는 "닭이 먼저냐, 달걀이 먼저냐?" 혹은 "창조론이냐, 진화론이냐?"와 같이 현재 인간이 가진 지식으로는 아무리 따져봐야 결론이 나지 않는 무의미한

논쟁거리일 뿐이다. 하기사 남자치고 어린 시절에 막대기로 돌멩이를 툭툭 치는 장난을 쳐보지 않은 사람이 몇이나 될까? 게다가 우리나라에도 "자치기"라는 골프와 유사하다고 우길 수 있는 전통 놀이가 있지 않던가. 그런 식으로 따지자면 "막대기로 공을 쳐서 목표한 지점에 넣는 놀이"의 원조는 아주 아주 먼 옛날 커다란 나뭇가지로 돌멩이를 힘껏 쳐서 공룡 알에 명중(!)시킨 원시인이 될 것이다.

이러한 "영양가라고는 1도 없는" 모든 논란거리를 뒤로 한 채 현재 우리가 즐기고 있는 골프의 경기 방식과 코스, 장비, 복장 등을 만들어낸 현대 골프의 선구자는 (이 책의 앞에서도 설명한 바와 같이) 스코틀랜드인이다. 그렇다면 골프의 조상 격인 "파가니카"나 "콜프"를 저 먼 옛날부터 즐겨온 로마나 네덜란드, 그리고 중국 등을 제치고 어떻게 해서 스코틀랜드가 현대 골프의 진원지가 된 것일까? 바로 여기에서 저명한 골프 역사학자인 "W.G. Simpson, Sir(W.G. 심슨 경)을 모셔와 그의 골프의 기원에 대한 소견에 귀 기울여 보도록 하자.

"~스코틀랜드 북쪽 해변에는 원래 "링크스"라고 불리는 기복과 경사가 심한 초원 지대가 있었다. 염도가 높아 농사를 지을 수 없어 잡초와 잡목이 무성한 버려진 땅이었지만 골프나 축구 등을 하기에 적합했고 더욱이 공유지라 누구나 다 자유롭게 이용할 수 있었다. 당시 양떼들이 이곳을 지나가며 풀을 뜯거나 밟아서 마치 넓은 길처럼 평탄해진 것을 사람들은 '페어웨이(Fairway)'라고 불렀다. 또 들토끼가 서식하며 잔디를 깎아 먹어 평탄하게 된 곳도 있었는데 이곳은 '그린(Green)'이라는 이름으로 불렸다. 들토끼들은 계속 이동하며 풀을 뜯던 양떼들과는 달리 독수리 등 맹금류의 사냥을 피하기 위해 굴을 파고 비교적 한 곳에 오래 머물면서 주변의 풀을 뜯어 먹었기 때문에 그린의 풀은 페어웨이의 그것보다 훨씬 길이가 짧았다. 이곳에서 양떼를 몰던 목동들이 무료함을 달래기 위해 나무 작대기로 돌멩이를 쳐서 토끼 굴에 집어넣던 놀이가 바로 골프의 시작이다. ~ "

오호라, 그랬구나! 골프가 단순한 "놀이"나 "오락"에서 수천만, 아니 수억 명의 인류를 홀딱 반하게 한 정식 스포츠로 탈바꿈한 배경에는 제일 먼저 지형적인 영향을 무시할 수 없다. 즉, 스코틀랜드의 해변가에는 "기복과 경사가 심한 초원 지대"가 널려 있었다는 것이다. 또한 여기에 생태학적인 영향까지 보태지면서 저 넓은 스코틀랜드의 해안가 초원에 살던 양과 토끼는 세계 최초의 골프장 설계자가 되어 "페어웨이"와 "그린"을 만들었던 것이다. 이러한 지리(地利, 지형의 유리함)에 더해 스코틀랜드와 잉글랜드 간의 전쟁이 1502년에 맺어진 평화협정으로 끝나게 되자 더 이상 활쏘기 연습을 강제 할 필요가 없어져 골프금지령마저 철폐되었으니, 이제 골프는 체계적인 스포츠로 발 돋음 할 천시(天時, 하늘이 내린 유리한 시기)까지 갖추게 된 것이었다.

하지만 중국의 위대한 철학자이신 맹자님께서도 말씀하시지 않았던가, "하늘이 준 시기가 지형의 이로움에 이르지 못하고, 또한 지형의 이로움이 인화(人和)에 이르지 못한다(天時不如地利, 地利不如人和)"고 말이다. 아무리 하늘의 도움과 유리한 지형을 가지고 있다고 한들 공동의 목표를 달성하기 위해 한 마음 한 뜻으로 꾸준히 매진하는 사람들이 없다면 무용지물이 아니던가 말이다. 18세기에 스코틀랜드 사람들이 맹자님의 이 말씀을 들었는지 모르겠지만, 그들은 단지 지팡이로 돌을 쳐서 토끼굴에 넣던 목동들의 놀이였던 골프를 체계화된 스포츠로 만들기 위해 1744년 "The Gentlemen Golfers of Leith(리스 골프 클럽)"이라는 단체를 조직하여 세계 최초로 13개 조항의 골프 규칙을 만들었다는 거다. 그리고 10년 후인 1754년에는 "The Society of St. Andrews Golfers(세인트 앤드루스 골프 클럽)"에서 이러한 골프 규칙을 더욱더 세밀하게 수정 및 발전시켰고, 그 후 왕명에 의해 "The Royal and Ancient Golf Club of St. Andrews"로 명칭을 바꾼 이 단체는 1897년에 현재 우리가 알고 있는 골프 규칙과 거의 흡사한 규칙을 만들어 공포하면서 골프를 보다 더 현대적이고도 체계화된 스포츠 경기로 발전시킨다.

그렇다면 한 번 생각해 보자. 사과나무는 "만유인력의 법칙"을 발견한 "Issac Newton(아이작 뉴턴)"의 집 근처에만 있었는가? 괴물이 등장하는 악몽은 "프랑켄슈

타인"을 쓴 "Mary Shelley(메리 셸리)" 작가만 꾸었는가? 그렇지 않다! 다른 사람들이 "아이구, 이게 웬 떡, 아니 사과냐"하며 맛있는 사과 먹을 생각만 할 때, 또 "아이구, 무서워, 오늘 또 괴물 나오는 악몽을 꿨네"하면서 재수없어 할 때 뉴턴과 셸리는 각고의 노력을 통해 자신의 경험과 지식을 바탕으로 과학적인 이론을 만들고 세계 문학사에 길이길이 남을 명작을 썼던 것이다! **바로 여기에 골프를 체계화된 현대 스포츠로 발전시킨 스코틀랜드인들의 위대함이 있다. 다른 모든 이들이 골프의 참을 수 없는 쾌락에만 빠져 있을 때 그들은 함께 모여 고민하고 관찰하고 토론하고 합의하면서 한 낱 "놀이"에 불과했던 "골프"를 체계적인 정식 스포츠로 탈바꿈 시켰던 것이다.**

자, 이제 결론. 인류 역사상 제일 먼저 막대기로 돌을 쳐서 공룡 알을 박살낸 것은 어느 이름없는 원시인일지 모르지만, 또한 로마인 – 네덜란드인 - 중국인 – 페르시아인들 모두 고대 혹은 중세부터 골프와 비슷한 놀이를 즐겼을지 모르지만, 우리가 매주 주말마다 "사장님!

나이스 샷!"을 외칠 수 있도록 현대 스포츠인 "골프"를 만들어 낸 것은 바로 "윌리암 월리스"의 후손인 위대한 스코틀랜드인 인 것이다. Period (더 이상 토론 필요 없음).

그렇다면 이제 아시겠는가? 왜 이 장의 제목이 "Scotch(스카치), Sheep(양), 그리고 Rabbit(토끼)"인지? 스코틀랜드 해안가에 존재하는 "링크스"라 불리는 초원 지대를 만든 것은 자연일지 몰라도 살아 숨쉬는 생명체 중에서 골프를 탄생시킨 주역은 바로 이 셋이기에 이러한 제목을 정한 것이다! 그럼 지금부터는 이 책의 부제인 "어원으로 알아보는 골프의 모든 것"에 보다 더 충실하기 위해 골프와 이를 창조해낸 주인공들을 지칭하는 단어에 대해 좀 더 깊게 알아보도록 하자.

제일 먼저 이 책의 주인공인 "Golf"부터 시작해 보면, "Golf"는 본래 "방망이(Club, Bat)" 혹은 "나뭇가지(Stick)"를 의미하는 네덜란드어인 "Colf (혹은 Colve)"가 스코틀랜드로 넘어와 "Gouf"가 됐다가 그 후에 "Golf"로 정착했다는 것이 정설이나 혹자는 "치다"라는 뜻을 가진 스코틀랜드 고어(古語)인 "Goulf"에서 유래됐다고 주장하기도 한다. 이 두 가지 학설 중 무엇이 더 유력하던지 간에 두 단어 모두 "방망이로 (공을) 치는" 골프라는 스포츠의 속성 자체를 잘 표현하고 있는 것으로 보인다. 간혹 "Golf"가 "Gentlemen Only, Ladies Forbidden (GOLF, 골프는 신사들만 할 수 있고 여사님들에게는 금지된 스포츠)"의 준말이라고 주장하는 이들도 있지만, 이는 단지 조크일 뿐 골프라는 단어의 어원과는 전혀 상관이 없다. 현대 골프가 시작된 18세가 중반까지만 해도 골프는 남성들의 전유물이었는지 (위에서 소개한 바와 같이) "The Gentlemen Golfers of Leith"라는 단체가 앞장서서 세계 최초로 골프 룰을 만들기도 했지만, 2022년 현재 주중과 주말을 가리지 않고 골프장으로 몰려드는 수많은 "태극 낭자"들을 보면 이 말이 얼마나 터무니 없는 지 곧바로 알 수 있다. 만일 현재까지도 골프가 남성의 전유물이라면 한국의 여성 실업률이 갑자기 솟구치고 외화 유입액은 크게 줄지도 모른다 (미국 LPGA의 상금 랭킹만 대충 훑어봐도 이 사실은 쉽게 알 수 있다 ^^).


그 다음은 골프를 목동들의 "오락거리"에서 체계적인 현대 스포츠로 탈바꿈시킨 "스코틀랜드인"에 대해 알아볼 차례다. "스코틀랜드인"을 지칭하는 대표적인 영어 단어로는 (위에서 소개한) "Scotch" 외에도 "Scots", "Scottish", "Scotsman" 등이 있으며, 스코틀랜드인이 가장 선호하는 표현은 "Scottish"라고 한다 ("Scottish"는 형용사이므로 "나는 스코틀랜드 사람입니다"는 "I am Scottish"라고 해야 한다). 그리고 "Scotch"는 보통 "Scotch Whiskey(스카치 위스키)", "Scotch Tape(스카치 테이프)", "Scotch Candy(스카치 캔디)"와 같이 단독으로 사용되는 것 보다는 주로 합성어로 많이 쓰이며, 스코틀랜드 사람들은 자신들을 "Scotch"라고 부르는 것을 별로 좋아하지 않는다고 한다 (이는 아마 "Scotch"라고 하면 많은 사람들이 "스코틀랜드"가 아닌 "스카치 위스키"를 떠올리기 때문인 것으로 보인다). 그리고 마지막으로 "Scotsman"은, 우리가 애국심에 잔뜩 고취되었을 때 "저는 한국인입니다"라고 하지 않고 "저는 대한민국 사람입니다!"라고 하듯이, "I am a Scotsman!"이라고 하면 "저는 (자랑스러운) 스코틀랜드 사람입니다!"라는 뜻에 가깝다고 보면 되겠다. 스코틀랜드가 낳은 세계적인 명배우인 "Sean Connery(숀 코너리)"는 살아 생전 열렬한 스코틀랜드 독립의 지지자였으며, "I am not an Englishman, I was never an Englishman, and I don't ever want to be one. I am a Scotsman (저는 잉글랜드인이 아닙니다. 단 한번도 그랬던 적이 없고 그렇게 되기를 바라지도 않아요. 저는 자랑스러운 스코틀랜드 사람입니다)!"라는 유명한 말을 남기기도 했다.


　이번엔 골프를 탄생시킨 3대 주역 가운데 하나인 "Sheep(양)"과 그가 만들어낸 "Fairway(페어웨이)"에 대해서 알아보자. 양은 보통 유순하다고 알려져 있으며 화도 잘 안 내고 착한 사람을 양처럼 순하다고 부르기도 하지만, 실제로는 전혀 그렇지 않다고 한다. 성격이 제멋대로이기에 주인을 곤경에 빠뜨리는 것은 물론 분을 못 참고 양이나 인간을 들이받는 사례도 많으며, 심지어 양치기가 양에게 받쳐 죽는 경우도 있다고 한다. 그리하여 "숫양"이라는 뜻을 가진 영어 단어 "Ram"은 중세 시대에 성문을 부수는데 쓰인 무기인 "(Battering) Ram"를 뜻하기도 한다. 그리고 영어에는 양을 지칭하는 단어가 "양(Sheep)"과 "숫양(Ram)" 외에도 "어린 양(Lamb)", "암양(Ewe)", "양고기(Mutton)" 등으로 아주 다양해서 그렇지 않아도 영어 공부하느라 골치가 아픈 우리의 머리를 아주 그냥 핑핑 돌게 만든다. 하지만 우리에게 골프라는 소중한 선물을 선사해준 주인공 중의 하나이므로 너그럽게 용서해 주도록 하자 ^^.

그리고 이 양떼들이 만들어낸 "Fairway (골프 코스에서 티 박스와 그린 사이의 기다란 잔디밭)"는 본래 "암초가 없는 안전한 바닷길"이라는 항해 용어였으나 현재는 골프 용어로 더 많이 사용되고 있다. 그런데 이 표현에 포함된 "Fair"는 정말로 엄청나게 많은 뜻을 가진 고약한 (?) 단어인데, 우리가 흔히 사용하는 "공정한 (혹은 공평한)"이라는 뜻 외에도 "(수, 크기가) 상당한(~a fair number of people~)", "(가능성이) 높은(~a fair chance of winning~)", "(바람이) 순풍인(~with the first fair wind~)", "예쁜(~a fair maiden~)", "(날씨가) 맑은(~a fair and breezy day~)" 등 형용사적인 의미에 더해 명사로는 "박람회", "취업 설명회", "품평회", 그리고 "Simon & Garfunkel(사이먼과 가펑클)"의 노래 "Scarborough Fair(스카버러 페어)"에서와 같이 "시장, 장터"와 같이 아주 아주 다양한 의미를 가지고 있다. 여기에 더해 야구에서의 "Fair"는 "페어볼 (타자가 친 공이 그라운드 안으로 들어와 플레이가 계속 진행되는 상태)"을 의미하기도 한다. 그렇다면 이 "Fairway"에서의 "Fair"의 의미는 무엇일까? 그것은 바로 "장애물이 없는(without any obstacles)"이란다. 이 놈의 "Fair"란 단어, 참으로 "Unfair (불공정)"하게도 너무나도 많은 뜻을 가지고 있다...

이제 골프를 탄생시킨 "3대 주인공" 가운데 마지막으로 "Rabbit(토끼)"와 그의 창조물인 "Green"에 대해서 알아보도록 하자. 영어에서 "토끼"를 뜻하는 단어는 "Rabbit"외에도 "Hare"가 있지만 골프를 탄생시킨 토끼는 바로 "Rabbit" 이다. 왜냐고? (이 책의 앞부분에서 언급한 것과 같이) 골프는 스코틀랜드 목동들이 지팡이로 돌을 쳐서 토끼 굴에 집어 넣는 것에서부터 유래했으며 굴을 파고 땅속에 사는 토끼는 "Rabbit"이기 때문이다. 그렇다면 "Hare"는 어디서 살까? 보통 우리 말로 "산토끼"라 불리는 "Hare"는 "Rabbit"보다 귀도 훨씬 길고 덩치도 커서 굴 속에 들어가 살기 어려운지 땅 위에 집을 짓고 산단다. 이 두 단어 외에도 "Bunny"와 "Coney (혹은 Cony)" 역시 "토끼"를 뜻하는 데, "Bunny"는 보통 "귀엽고 어린 토끼"를, "Coney"는 "토끼" 이외에도 "(토끼 털로 만든) 모피" 혹은 "토끼 고기"를 뜻하기도 한다.

그리고 "Rabbit"이 만들어낸 "Green"은 골프에서 "(골프 공을 넣는) 홀이 있고 퍼팅을 할 수 있도록 잔디를 짧고 가지런히 깎아놓은 구역"을 의미하며 그 본래의 뜻은 널리 알려진 데로 "초록(색)"이다. 우리 말에서의 "초록(색)"은 자연 혹은 자연 친화적인 산업 (Green Industry) 등 모두 좋은 뜻 일색이지만, 영어에서의 "초록"은 그렇지 않다. 일례로 "He was green with envy when he saw their new deluxe car"라고 하면 "그들의 고급 차를 보자마자 그의 얼굴이 질투로 인해 새파랗게 변했다"는 의미이다. 흠...재미있지 않은가? 우리는 사람의 얼굴이 "새파랗게 질렸다 (혹은 변했다)"라고 하는데 영국 사람들은 "초록색이 되었다"라고 하니 말이다. 그런데 그린 위에서 열심히 퍼팅을 하는 우리들은 언제 "green with envy(부러움으로 얼굴이 새파랗게 변하다)"가 될까? 아마도 자기는 공을 그린 위의 홀 컵 바로 옆에 붙였건만 짧은 퍼팅도 계속해서 놓치는 바람에 "양파"가 되게 생겼는데 상대방은 그린 저 끄트머리 가장자리에 "제주도 온 (on)"을 겨우 한 주제에 단 한 번의 퍼팅으로 공을 홀 컵 안으로 넣어 버디를 잡았을 때가 아닐까? "배 고픈 건 참아도 배 아픈 건 절대 못 참는" 골퍼들의 심경을 아주 잘 나타내는 말이 바로 이 "green with envy"가 아닐까

한다.

그런데 또 한가지 이 "green"과 관련된 재미있는 사실은 할리우드 영화에 등장하는 괴물인 "Shrek(슈렉)"과 "Hulk(헐크)" 모두 초록색이라는 것이다. 하기사 둘 다 "Villain(악당)"이라기 보다는 오히려 착한(?) 괴물에 가깝기에 많은 사람들이 선호하는 "초록색" 피부를 가진 것이라고 생각 할 수도 있겠지만 단순한 우연의 일치로 치부하며 그냥 지나치기에는 조금 아쉽다. 그리하여 호기심 많기로는 이 세상의 그 누구 못지않은(!) 필자가 그에 대한 이유를 나름대로 찾아 보았는데 – 그에 대한 해답은 좀 싱겁다. (독자 여러분들도 잘 아시겠지만) "슈렉"은 본래 늪지대(Swamp)에 살기에 그곳에 있는 온갖 초록빛 동물과 식물 그리고 플랑크톤의 영향으로 "Green"빛을 띠게 되었다는 것이고, "헐크"는 본래 회색(Gray)이었는데 원작 만화를 찍어내던 인쇄소의 실수로 초록색으로 둔갑해 버렸다는 것이다. 두 괴물의 피부가 모두 "Green"인 것은 단순한 우연이었던 것이다. 쩝...

자, 이제 이 장의 결론을 내리기 위해 제일 첫머리의 "Episode 1"으로 다시 되돌아 가보자. 지금으로부터 30여 년 전인 1989년 3월, 골프 과목을 수강하려고 했던 정혁에게 대체 뭐 하는 짓거리냐고 호통을 치시던 그 학과 회장 선배는 지금 관공서를 대상으로 비즈니스를 하는 광고대행사를 운영하고 있다고 한다. 흠...그렇다면 확실치는 않지만...로비 골프를 아주 자주 치실 수도 있을 것 같은데...만약 사정이 그렇다면, 그리고 정혁이 그를 우연히 만나게 된다면 이렇게 얘기할 것 같다.

"형! 아니, 야! 니가 하면 비즈니스고 남이 하면 사행성 사치 스포츠냐?"

라고...하지만 뭐, 인간의 행동은 주위 상황이나 자신이 처한 상태에 따라서 얼마든지 변할 수 있기에 어디선가 우연히 마주치더라도 그냥 아무 말 없이 지나치련다. 골프 또한 스코틀랜드에서 새로운 중흥기를 맞이하게 된 것이 잉글랜드와의 평화협정을 통한 골프 금지령의 철폐였으며, 한국이 작금의 "골프 공화국"이 된 것 역시 정치 민주화와 경제 발전과 같은 주위 상황의 변화에 힘입은 바가 크기에. 하지만 이러한 주위 환경의 변화를 일으킨 동력과는 비교할 수 없을 정도로 많은 골프 팬들의 우렁찬 갈채를 받아야 할 대상은 바로 골프를 만들어낸 주역인 "스코틀랜드인", "양", 그리고 "토끼"가 아니겠는가. 이 장의 앞에서 언급한 맹자님 말씀과 같이 하늘의 도움과 지형의 유리함이 있어도 창의적인 사람들 (혹은 생명체들) 간의 협력이 없었다면 엄청 재미있으면서도 품위 있고 또 자연과 함께 동화 할 수 있는 유일한 스포츠라 할 골프 역시 이 세상에 태어나지 못했을 테니 말이다. 이 장의 주인공인 "스코틀랜드인", "양", 그리고 "토끼"가 골프 탄생의 "삼위일체(Holy Trinity)"라면 골프 경기를 하기 위해 반드시 갖춰야 할 "삼위일체"는 "Club(골프채)", "Golf Ball(골프공)", 그리고 "Hole (Cup)"이라고 할 수 있을 것인바, 다음 장에서는 바로 이 세 가지에 대해 보다 더 심도있게! 알아보도록 하자.

# 제2장. Club, Ball & Hole

## : 골프의 삼위일체가

## "몽둥이","뽈",그리고

## "구덩이"?

**[ 에피소드 1. 1999년 3월 "엠피클럽(MP Club)"의 탄생 ]**

"뭐? MP Club? 그건 우리가 군대 있을 때 차고 다니던 방망이 아냐?"

"아이구, 허정혁 병장님, 아니 정혁아, 영어도 잘하시는 분이 대체 왜 그러셔. 어디 'Club'에 그 뜻만 있나, 예전 이태원에 있던 '퀸 클럽(Queen Club)'이나 '빠삐용 클럽(Papillion Club)'도 클럽이고, 동호회나 친목회도 영어로는 '클럽'이지. 암튼 이번 주 금요일 밤에 처음으로 모이니까 양재동 갈비집으로 꼭 오시라고요. 히히히."

정혁보다 나이는 두 살 많지만 군에 늦게 입대하는 바람에 2년 가까이 정혁의 "쫄따구" 노릇을 한 찍돌이가 장난스럽게 말했다. 저 녀석 이죽거리는 버릇은 예전 카투사 시절이나 지금이나 여전하구만. 이 자식아, 니가 이태원 클럽 놀러 다닐 때 난 "Yongsan Library(용산 도서관)"에서 공부했어, 누구 앞에서 "클럽" 타령이야. 정혁은 속으로 혼잣말처럼 중얼거렸다.

그러던 그의 머리 속에 1990년 대 초 그가 용산 미군기지에서 카투사 헌병으로 근무할 때 허리 왼편에 차고 다니던 "MP(Military Police, 헌병) Club"이 문득 떠올랐다. 그 "Club"은 나무로 된 60~70센티미터 길이의 새까만 몽둥이였었지. 나의 첫 번째 "Homie(호미, 룸 메이트)"였던 "Specialist Fox(폭스 상병)"랑 그걸로 장난 치다가 실수로 머리에 한 대 맞은 적이 있었는데, 아, 정말 얼마나 아프던지 눈에서 별이 보일 지경이었다니까. 근데 근무할 때 항상 허리에 차고 다니긴 했지만 단 한번도 사용해 본 적은 없는 것 같은데...아, 딱 한 번 써 본 적이 있네...상병 때였던가, 미군기지에 웬 여우가 출몰했다는 신고를 받고 출동했더니 여우는 뭔 여우, 길 잃은 진돗개 한 마리가 기지 안으로 잘못 들어온 것이었다. 흠...아무리 진돗개를 처음 봤어도 그렇지 한국의 국보견을 여우로 착각하다니...그런데 헌병대에 신고한 미군 장교 부인이 어찌나 겁에 질려 "Please, please do something about it! (제발 저 개 좀 어떻게 해줘요!)"라면서 나에게 소리소리 질러대던지. 아, 바로 그 때였어, 내가 나의 왼편 허리 춤에 차고 있던 "MP Club"을 처음이자 마지막으로 빼서 휘둘러 댔던 것이. 하지만 우리나라 국보견에게 아주 조그마한 상처라도 입혀서는 안되겠기에 그 녀석과 멀리 떨어져서 휘두르는 시늉만 했었지. 영리한 그 녀석은 고맙게도 곧바로 "Gate(게이트, 출입문)"를 통해서 기지 밖으로 나가버렸어.

"아, 그래서 올 거야, 안 올 거야? 왜 말이 없으세요? 정혁 병장님? 히히히."

한동안 옛 생각으로 멍 때리던 정혁에게 전화선 반대 편의 찍돌이가 크게 소리쳤다. 나이도 정혁보다 두 살이나 많고 제대한지도 오래됐으니 이제 편하게 말을 놓으라고 했건만, 찍돌은 정혁에게 반말을 하는 게 조금은 어색한지 존댓말과 반말을 섞어서 하고 있었다.

"알았어, 꼭 갈께, 금요일에 봅시다."

드디어 "D-Day"인 금요일, 정혁은 저녁 6시쯤 퇴근해서 말죽거리, 아니 서울 강남 한복판 양재동으로 향했다. 약속 시간인 7시가 다가오자 "MP Club" 멤버들이 하나 둘씩 모여들기 시작하는데, 흠, 누가 "용투사(용산 카투사)" 출신 아니랄까 봐 그 면면이 화려하다. 행정고시에 합격해 공무원 생활을 하고 있는 녀석, 국책은행 본사에 있는 놈, 공인회계사, 글로벌 전자기업 영업 담당, 다음 달 미국 플로리다로 유학을 떠나는 녀석 등등. 그런데 국내 유수의 증권사에 다니는 이 찍돌이 녀석은 좀처럼 나타나지 않는 것 아닌가. 웃기는 놈이네, 자기가 오라고하고 지는 왜 안 와. 정혁은 속으로 이렇게 생각하며 오랜만에 만난 전우들(!)과 이야기 꽃을 피우고 있었다.

그렇게 한 두 시간 지났을까, 드디어 찍돌이가 모습을 드러냈다. 그런데 놀랍게도 녀석은 혼자가 아니라 미모의 여성과 함께 약속 장소로 들어오는 것이 아닌가. 아하, 작년 말에 결혼한 아내랑 같이 왔나 보구나. 정혁은 이렇게 생각하며 그녀의 얼굴을 바라 보았는데, 바로 그 순간 정혁은 온 몸이 마비되는 것을 느꼈다. 왜냐하면...녀석과 동행한 여성은 찍돌의 결혼식에서 보았던 그의 와이프가 아니었기 때문이다.

"아, 여러분, 죄송하게 됐습니다. 갑자기 전혀 생각지도 못한 일이 생기는 바람에 좀 늦었고요, 오늘은 제가 바로 좀 나가봐야 될 것 같아요. 회장 면목이 없습니다, 히히히. 다음에 꼭 뵙기로 하고요, 우리 모임 사랑해 주시고 다음에도 꼭 참석해 주세요. 저도 성심 성의껏 우리 'MP Club' 잘 챙길게요. 히히히."

그러면서 정혁에게는 아는 체도 하지 않고 함께 온 여인의 어깨를 다정하게 감싸 안으며 식당 밖으로 나가버리는 것이 아닌가. 거기에 한 술 더 떠 그 둘은 남들이 보든지 말든지 서로에게 심한 애정표현을 하고 있었다. 바로 그 때 정혁의 머리 속에 떠오르는 오래된 장면 하나가 있었으니, 군대 있을 때도 저 찍돌이 녀석은 불의의 사고로 오른쪽 다리가 부러진 상태에서 목발을 짚고 이태원에 놀러 나가기도 했었지. 그런데 더 놀라운건 그 몸으로 여자를 꼬셔서 부대 안에까지 데리고 들어온 것이었어. 자식, 세 살 버릇 여든까지 간다더니, 아직도 그 버릇, 아니 그 기술(!)을 버리지 못했구만. 아니, 근데 얼마나 더 기술을 갈고 닦았기에 유부남이 된 지금까지도 저리 애정행각을 벌이고 있는 걸까. 참기 어려운 부러움(?)과 심한 질투심(!)에 강하게 사로잡힌 정혁은 큰소리로 외쳤다. 물론 자기 마음 속으로만.

"야, 임마! 'MP Club'이고 나발이고, 니 아랫도리에 있는 'Club'이나 제대로 관리해라, 이 놈아!"


**[ 에피소드 2. 2000년 4월 어느 토요일, 모스코바 인근의 한 골프장 ]**

"야, 허 대리! 아니, 아직까지 자고 있으면 어떡해? 오늘 아침 8시에 호텔 로비에 모여서 골프장으로 떠나기로 했잖아. 지금 박 차장님이랑 다들 기다리고 있어. 빨랑 챙겨서 내려오라고 ~."

전화기 너머로 모스크바 주재원인 조 과장의 닦달하는 목소리가 들려왔다. 전화 울리는 소리에 이제 막 잠에서 깨어난 정혁은 마지 못해 몸을 일으켰건만, 이내 머리를 감싸 쥐며 다시 침대로 푹~하고 꼬꾸라지고 말았으니. 아, 그 놈의 보드카, 정말로 지긋지긋 하구만. 그리고 사우나도. 일주일 내내 그토록 열심히 러시아 거래선에게 접대를 했으면 토요일 하루는 좀 쉬게 해주지, 아침부터 뭔 골프를 치러간다고 이 난리야. 그리고 난 골프를 어떻게 치는지도 모르는데. 정혁은 속으로 이렇게 불평을 늘어 놓고 있었지만 뭐 어쩌겠는가. 목구멍이 포도청이고 회사 직급은 깡패인 것을...


"와~, 여기는 정말 영국이랑 많이 다르네. 영국 골프장이 아기자기하고 오밀조밀하다면 여기는 거대하면서도 웅장하다고나 할까. 러시아가 진짜 대국(大國)은 대국인가봐. 야, 허대리, 아니 정혁아, 인상 좀 풀어라~. 자연 속에서 맑은 공기 마시면서 운동하는 게 얼마나 좋으냐. 야, 아무나 모스크바 출장 오는 거 아니다, 너."

영국공장에서 출장 오신 박 차장님께서 골프채를 차에서 끌어내리시며 또 한차례 장광설을 풀어 놓으신다. 자기는 입사 10년이 **훨씬** 넘어서야 러시아에 처음 왔건만 정혁은 입사 한지 단 5년 만에 이 곳으로 출장 왔으니 큰 특혜를 입은 것이라는 말과 함께.

드디어 9시30분에 정확히 티 오프(Tee-Off). 골프채를 휘둘러 보기는커녕 골프의 "골" 자, 아니 "Golf"의 "G"자도 모르건만 마지 못해 골프광인 고참 두 분을 아무 생각 없이 따라나선 정혁, 캐디도 없이 무거운 골프가방을 선배들이 끌고 다니는 걸 보고만 있을 수는 없어 자의반 타의반 박 차장의 골프 트롤리(Golf Trolley) 끌기를 자처했건만 그것이 큰 실수 인 것을 깨닫기까지는 그리 긴 시간이 필요치 않았으니. 아니, 뭔 놈의 코스가 이리 길단 말인가, 이렇게 긴 **홀**을 18개나 돈다니 ...정녕 저들은 정신이 돈 것 아닌가. 게다가 이제 막 골

프를 시작한 조 과장은 연신 공을 러프 쪽으로 보내는
가 하면, 잃어버린 공을 찾느라 하염없이 시간만 보내
고 있으니...


"이봐, 조 과장, 이 골프장 페어웨이(Fairway) 정말
죽이는데. 이 페어웨이가 어떻게 생겨났는가 하면 말이
야, 스코틀랜드 목동들이 키우던 양들이 풀을 뜯어 먹
고 지나가던...어쩌고 저쩌고..."

골프 구력(球歷)이 꽤나 됐는지 한 달 내로 100타
를 깨는 것이 목표라는 박 차장님이 또 다시 골프와 관
련된 잡다한 상식을 장황하게 늘어 놓으신다. 그런데
"양"이라는 단어를 듣자마자 정혁은 속에서 곧바로 구
역질이 심하게 올라 오는 걸 느꼈으니, 골프장 레스토
랑에서 아침으로 먹은 "양고기 샤슬릭(Shashlik, 러시아
전통 꼬치 요리)"이 어제 마신 보드카와 섞이면서 뭔가
잘못된 것 같다. 양고기 특유의 누린내가 좀 나긴 했지
만 골프 라운드에 4시간 이상 걸린다는 소리에 급하게

챙겨 먹은 것이 사단이 난 것인가. 결국 골프장 한 쪽에 있는 숲에 가서 한 바탕 입으로 쏟아 낸 후에야 박 차장의 골프 트롤리를 끌고 다음 홀로 이동할 수 있었다. 4월의 모스크바 날씨는 한국의 겨울 날씨만큼 춥다더니 그 날은 웬걸, 한마디로 "햇빛은 쨍쨍, 모래알은 반짝"인 꽤나 더운 날씨였다. 심한 숙취에 시달리던 정혁은 이래저래 식은 땀을 뻘뻘 흘리고 있었으니. 이런 그의 사정을 아는지 모르는지 두 골프광은 신선 놀음에 푹~ 빠져 있었다.


"아이구, 박 차장님이 모스코바에 오시니까 날씨도 도와주네요. 지난 주말엔 비바람이 얼마나 세게 불던지 아이언을 제대로 휘둘러 보지도 못했다니까요. 하하하~."

조 과장의 이 한마디에 박 차장도 기분이 좋은지 박장대소를 하며 7번 아이언을 꺼내 힘껏 휘두른다. 그런데 너무 흥분해서인지 잘못 때린 샷은 그만 샌드에 들어가 버렸고, 그 안에서 완전 "삽질"을 해버린 박 차장의 얼굴이 일순 벌겋게 달아올랐다. 상황이 그런데도 뭐가 그리 좋은지 박 차장의 얼굴엔 "부처님 미소"가 완연했다. 하악~, 정말로 신선 놀음을 하고 있구만...정혁은 가슴 속 깊이 감탄, 아니 탄식하고 말았다. 하지만 그 누가 그랬던가, 거꾸로 매달려 있어도 국방부 시계, 아니 골프장 시계는 돈다고. 어느덧 시간은 흘러 정혁 일행은 18번 홀을 향하고 있었다.


첫 홀부터 혼잣말로 연신 "18(?)"을 외쳐댄 정혁 때문인지 혹은 단 두 명이 조를 이루어 쳐서 그런 건지, 그들의 라운드는 주말 임에도 채 4시간이 되기 훨씬 이전에 마무리 되는 듯 했다. 이제 막 골프를 시작한 초심자이건만 퍼팅만은 고수인 조 과장의 퍼터에 맞은 공이 "떵~"하는 소리를 내며 18번째 홀에 쳐박히는(!) 순간, 깃대를 들고 있던 정혁은 이제 호텔에 가서 편하게 쉴 생각에 속으로 쾌재를 부르고 있었다. 조과장이 만면에 웃음을 띠며 홀에서 공을 집어 들었을 때 그의 핸

드폰이 요란하게 울렸다.


"법인장님, 주말에 웬일이세요? 아, 어제 가족 분들 갑자기 한국 들어 가셔서 주말에 혼자시라고요? 저요? 영국에서 온 박 차장이랑 본사에서 출장 나온 허 대리랑 골프장에 있습니다. 네? 오후에 사무실에 들어와서 업무회의 잠깐하고 저녁 같이 먹으면 어떠냐고요? 아, 네, 그러시죠, 여부가 있겠습니까, 바로 튀어 가겠습니다...박 차장님, 허 대리, 들었죠? 자, 빨리 씻고 사무실에 들어가서 법인장님이랑 일단 업무 협의 좀 하시죠. 그리고 저녁은 법인장님이 사주신데요. 헤헤헤."


이런 18! 무슨, 법인장이 저녁을 사주긴, 염병! 어차피 법카(법인카드) 쓸 거면서...아, 골프 홀을 도는 동안 내내 "181818"을 연신 외쳐대서 골프 홀이 "18개"가 된 건가, 아니면 18번 홀에서 항상 "18" 같은 일이 벌어지니 "18번 홀"까지 치기로 한 것일까.

호텔방에서 편안히 쉬기는커녕 사무실에 들어가 다시 놈들(?)에게 괴롭힘 당할 생각에 정혁의 얼굴이 완전히 일그러지던 그 순간, 또다시 들려오는 조 과장의 커다란 함성 소리.

"박 차장님, 나 신기록 세웠어요. 오늘 118개 쳤어! 하하하!"

아이구, 18, 그 놈의 18 타령 좀 그만해라...이런 "18홀" 같으니라고...

참으로 말도 많고 탈도 많다. 세금 포탈과 폭력은 물론이고 몰카와 성접대를 넘어 마약 판매와 성폭행까지. 뭐라고? 저기 저 멀고도 먼 나라에 있는 마약 카르텔과 관련된 얘기냐고? 천만의 말씀, 한 때 이 대한민국의 서울 강남 한복판에 버젓이 존재했었던 어느 "클럽(Club)"에 대한 얘기다. 여기서 우리 한 번 곰곰이 생각해 보자. 과연 "Club"이란 곳이 정말로 그러한 극악 범죄가 시도 때도 없이 벌어지는 곳인가 말이다. 비록 그 명칭은 "Club"외에도 "나이트 클럽", "나이트", "디스코텍" 등으로 참으로 다양하지만 그 기본적인 컨셉은 술 마시고 춤 추고 노래하고 새로운 이성(異性)과의 만남을 갖는, 참으로 건전한(?) 곳이 아니었던가? 그런데 어찌하여 우리들의 스트레스를 해소시켜 주는 것을 넘어 만남의 기회까지 제공해 주는 "클럽"이 저런 흉악 범죄의 온상으로 전락해 버렸던 말인고? 어느 한 개인에 대해 속속들이 알기 위해서는 그에게 유전자를 물려준 조상의 계통도를 따져봐야 하듯이, 이 "Club"의 정체를 샅샅이 파헤쳐 보기 위해 우리는 이 단어의 어원에 대해 자세히 알아보도록 하자.

본래 이 "Club"은 "손에 쥐고 무기로 사용할 수 있는 굵은 몽둥이"를 뜻하는 고대 게르만어인 "Klumba (혹은 Klubba)"에서 기인하여 "Clubba (혹은 Clubbe)"를 거쳐 우리가 현재 사용하는 형태(Club)로 정착되었다고 한다. 그런데 저 옛날 유럽에 사시던 분들이 애용하시던 "Club"은 지금의 야구 배트와 같이 미끈하게 쭉~ 빠진 것이 아니라 손잡이 부분은 매우 얇은 반면 그 반대 부분은 마치 "(뭉툭한) 덩어리"처럼 보일 정도로 두터웠다고 한다. 물론 당시에는 지금과 같은 첨단 수준의 목재 가공 기술이 없었기에, 또한 단 한 방의 일격으로 적이나 사냥감에게 강력한 충격을 가하기 위해서는 표면적이 넓으면서도 무거운 몽둥이가 매우 유용했을 것이기에 대부분의 몽둥이가 "(뭉툭한) 덩어리" 모양이었을 것이라는 추측이 가능하다. 그리고 이러한 "Club"의 외면적인 모습으로 인해 17세기부터 "gather in a club-like mass (사람들이 몽둥이의 덩어리처럼 모여들다)"와 같은 표현들이 생겨나기 시작했고, 결국에는 "사람들의 모임", "친목회", "동호회"와 같은 의미로까지 확장되었다는 거다. 그리하여 "축구 동호회 (혹은 팀)"는 "Football Club", "독서 동호회"는 "Book Club"으로 불리게 된 것이고 "사람들이 밤(Night)에 춤추기 위해 모이는 곳(Club)"은 나이트 클럽이 된 것이다. **결론적으로 이 "Club"이라는 단어는 태생적으로 "타인이나 동물에 대한 폭력을 행사하는 도구 (몽둥이)"라는 뜻을 갖고 있기에 보**

이지 않는 폭력성이 그 내면에 잠재되어 있으며, 이러한 역사 혹은 언어적인 원죄(原罪)로 인해 수많은 범죄의 온상이 될 수도 있다는 합리적인 추론이 가능할 것이다 (이러한 역사 – 언어적인 이유 외에도 인류사를 통해 사람과 술이 많이 모여드는 곳에서는 항상 대형 사고가 빈번하였으니, 모두들 경계하여 조심할 지어다!).


자, 술 마시고 노래하고 춤추는 "Club" 얘기는 여기까지만 하기로 하고, 이제 이 장의 주제인 "골프의 삼위일체(Holy Trinity)" 가운데 하나인 "(Golf) Club"에 대한 얘기를 본격적으로 시작해 보도록 하자. 위에서 살펴본 바와 같이 "Golf Club"은 "몽둥이"라는 뜻에서 기인한 "골프채"를 의미하기도 하지만 이와 동시에 골프 코스와 클럽 하우스를 갖춘 "골프장"을 뜻하기도 한다 (물론 "Club"의 또다른 뜻인 "동호회"에서 기인한 "골프 동호회"라는 뜻도 있다). 이렇게 때와 상황에 따라 확확~ 바뀌는 "Golf Club"의 의미로 인해 골퍼들 간의 의사소통에 많은 혼란이 발생하기도 하며, 이 같은 불행한(?) 사태를 방지하기 위해서 한 골프 전문가는 "골프채"는 "Golfers' Club", 그리고 "골프장"은 "Golf Club"이라고 부르자는 제안을 하기도 했었다. 하지만 어디 인간의 언어라는 게 언어학자가 정한 법칙과 규칙을 단 한번이라도 따라가던가? 아주 당연하게도 "Golf Club"은 여전히 위의 두 가지 의미가 혼재되어 사용되고 있으며 앞으로도 역시 그럴 것이다. 이에 이 장과 다음 장에서는 우선 "골프채"를 뜻하는 "Golf Club"에 대해서 알아보려고 하며, 본 장에서는 먼저 골프채의 파트와 용어를, 그리고 다음 장에서는 각각의 골프채(Wood/Iron/Putter)에 대한 세부 내용을 파악해 보기로 하겠다 ("골프장"을 뜻하는 "Golf Club"은 추후 "Golf Course"를 설명하면서 같이 알아보도록 하고 그때까지는 당분간 이별 ~).

## 골프의 삼위일체 1. 골퍼와 혼연일체가 되어야 하는 "Golf Club"

통상적으로 "Golf Club(골프채)"은 앞에서 언급한 데로 크게 세 가지로 분류되며, 볼을 보다 더 멀리 보내기 위한 "Wood(우드)", 알맞은 거리에 따라 골라 쓰는 클럽인 "Iron(아이언)", 그린에서 공을 홀 컵에 넣기 위해 사용하는 "Putter(퍼터)"로 나뉜다. 이와 같은 세부적인 분류와는 상관없이 "Golf Club"은 일반적으로 "Head(머리)" - "Shaft(몸통)" - "Grip(손잡이)"이라는 세 가지 파트로 구성되는데, 제일 먼저 이 "Head"는 공을 치는 부분 전체를 통칭한다. 그런데 대략 성인 남성의 주먹 크기만한 이 "Head"는 "Hosel", "Neck", "Heel", "Sole", "Toe", "Groove" 등과 같이 놀랄 만큼이나 다양한 부분으로 이루어져 있으니 (아따! 거 ~ 영어 공부 할 거 정말 많네! ^^).

제일 먼저 "Hosel"은 클럽 "Head" 부분의 샤프트(Shaft)를 끼우는 구멍을 뜻하며, 현대 시대를 살아가는 우리도 물을 뿌릴 때 자주 사용하는 "Hose(호스)"와 본래 같은 뜻 (엄밀히 말하면 "작은 호스")이었다고 한다. 여러분들도 골프채의 사진이나 그림에서 "Hosel"을 한 번 확인해 보시라. "Hose"와 철자도 비슷한 이 "Hosel"은 정말로 금속으로 만든 아주 작은 "소형 호스"같이 생겼다.

　　그 다음은 "Neck" 차례. 이 "Neck"은 "Head"와 "Shaft"를 이어 주는 부분을 가리킨다. 흠, 글쎄, 이 부분은 좀 징그럽긴 하지만 치킨을 시키면 가끔씩 끼워져 오는 "닭 모가지" 같이 생겼다고나 할까 (비위가 약한 필자에게 걸리면 바로 음식물 쓰레기통으로 직행!). 만일 골프채의 몸통(Shaft)이 사람의 다리이고 "Head"가 발이라고 한다면 (실제로도 비슷하게 생겼다) 골프채의 이 "Neck"은 사람의 발목에 해당한다고 하겠다. 골프 스윙을 할 때 공이 이곳에 맞으면 "Shank (클럽에 맞은 골프공이 오른손잡이 기준으로 오른쪽으로 낮게 날아가는 미스 샷)"가 발생할 확률이 아주 높기에 필자가 "닭 모가지" 싫어하는 것만큼이나 골퍼들이 매우 싫어하는 "목(Neck)"이기도 하다. 그리고 "Shank"는 본래 명사로는 "자루 (혹은 몸체)", "정강이"를, 동사로는 (날카로운 물체로) 찌르다"라는 뜻이라고 하니 참고로 알아두도록 하자.

　　이 "Neck" 바로 밑의 "Heel"은 "Neck"과 이어지는

"Head"의 마지막 부분으로 사람 발의 발뒤꿈치에 해당 된 다고 보면 될 것 같고, 실제로도 이 "Heel"의 본래의 뜻 역시 "발뒤꿈치"이다. 요즘엔 운동화(Sneakers) 착용의 확 산으로 참으로 보기 힘들어 졌지만 예전엔 "차도녀"의 상 징이었던 "하이 힐"의 영어 표현은 "High Heels"이며, 여기 서의 "Heel"은 "굽"을 의미한다 (하이 힐이 "High Hills", 즉 "높은 언덕"이 아님에 유의할 것! 굽이 아무리 높아도 언 덕만큼 높지는 않을 것이기에!).

그 다음으로 "Sole"은 클럽의 밑바닥을 가리키는데, 본래 골프와는 별다른 관계가 없는 이 단어의 사전적인 의미는 "발바닥" 혹은 "(구두의) 밑창"이다. 그런데 이 "Sole"이 가진 우리에게 매우 잘 알려진 형용사로서의 뜻 은 무엇인가? 그것은 바로 "유일한", "혼자의"이다. 골프 클 럽에서 "유일하게" 지면과 맞닿는 부분이 바로 이 "발바닥" 을 뜻하는 "Sole"이라고 기억해 두면 될 것 같다.

그리고 "Head"의 바깥쪽 끝부분은 "Toe"라고 불리며 (위에서 설명한 것과 같이) 골프채의 "Head"가 사람의

"발"이라고 한다면 이 "Toe"는 그 끝부분에 달려있는 발가락이라고 생각하면 되겠다.

마지막으로 "Head"의 중앙 부분, 즉 공이 직접 맞는 가운데 부분은 "Face"라 하는데 (바로 골프채의 "얼굴" 되시겠다), 골프 공이 맞았을 때 가장 멀리 그리고 빠르게 날아가는 "Face"의 정가운데 부분을 (여러분들도 어디선가 많이 들어 보았을) "Sweet Spot"이라 한다. 그리고 이 "Face"에 파여진 홈은 골프공과 클럽 "Face" 간의 마찰력을 높이고 스핀을 증가시켜 공을 더 멀리 나가게 하는 동시에 클럽에 묻은 물이나 잔디 같은 불순물의 배출 역할을 하며, 이를 "Groove(그루브)"라고 부른다. 홈 ..."Groove"라...본래 이 말은 재즈(Jazz)나 댄스 음악에서 많이 쓰는 말이 아니던가? 어찌하여 이 골프 클럽에 새겨진 홈을 뜬금없이 "Groove"라 하는고? 이에 대한 배후를 파헤치기 위해(!) 제일 먼저 그 어원부터 한 번 따져 봐야겠다.

중세 15세기 경부터 사용되기 시작한 이 "Groove"는 본래 "동굴(Cave)", "구덩이(Pit 혹은 Burrow)"라는 뜻이었으며, 우리가 흔히 "무덤"이라고 알고 있는 영어 단어 "Grave"와 그 어원이 같다고 한다. 그러다가 17세기부터 날카로운 도구에 의해 파여진 "자국 (혹은 홈, 구멍)" 또한 "Groove"라고 부르다가 19세기부터는 이러한 "자국"들이 일정한 패턴을 이룬 모양까지도 뜻하게 되었다는 거다. 이 말이 진짜인지 못 믿겠다면 골프채에 나있는 이 "Groove"들을 직접 한 번 살펴보시라. 놀랍게도(?) 정말로 모든 홈들이 일정한 패턴을 이루면서 파여져 있다! 그리하여 20세기 초부터 골프채의 헤드에 새겨지기 시작한 "(일정한 패턴 혹은 무늬를 이룬) 홈" 역시 "Groove"라고 부르게 되었다는 것! (미끄럼을 방지하기 위해서 타이어나 신발 밑창에 파여있는 "홈" 역시 "Groove"라고 한다).

골프에서의 뜻이 이러한 반면 음악, 특히 재즈나 댄스 뮤직과 같은 대중 음악에서 1930년대부터 사용되기 시작한 "Groove"의 의미는 "멋진 음악을 연주하다", "(음악의 리듬에 맞춰) 노래를 찰지게 부르다", 혹은 "흥에 겨워 신나게 몸을 흔들어 대다" 등으로 아주 다양하지만 이 모든 뜻이 공통적으로 암시하고 있는 바는 바로 "(음악과 더불어) 즐거움을 만끽하며 점점 더 그 속으로 빠져 들어가다"가 아닐까? 그에 대한 예로서 1980년대 초부터 지금까지 40년이 넘도록 전세계 팝시장을 지배하고 있는 "Madonna(마돈나)"의 노래 "Into the groove"의 가사를 잠시 들여다 보도록 하자. "Dancing around(신나게 춤을 추며), you feel the sweet sensation (달콤한 흥분을 느껴봐), we might be lovers if the rhythm's right (경쾌한 리듬에 맞춰 우리는 밤새도록 사랑 할 꺼야), I hope this feeling never ends tonight (이 감정이 정말로 밤새 계속 됐으면 좋겠어)". 어떠신가? 요란한 클럽에서 경쾌한 음악에 맞춰 자유롭게 몸을 흔들어 대며 점점 더 기분이 "Up(업)" 되어가는 젊은 남녀의 모습이 머리 속에 떠오르지 않으신가?

그렇다면 바로 여기서 한 가지 궁금증이 우리 가슴 속에서 뭉게뭉게 솟아오른다. "구덩이" 혹은 "홈"이라는 별볼일(?) 없는 의미였던 "Groove"가 어떻게 대중음악 영역으로 장르를 변경 하면서 이런 "Hip(힙)"한 뜻을 갖게 되었는지 말이다. 아무리 인터넷이나 책을 뒤져봐도 그에 대한 명확한 대답은 없었지만, 무려 이틀(!) 동안이나 그 해답을 찾기 위해 불철주야 노력한 필자의 결론은 다음과 같다. 좋은 음악이 되기 위한 전제 조건에는 여러 가지가 있겠지만 그 중 하나는 바로 어떤 특정한 "패턴"이 지속적으로 유지되는 것일 것이다. 예를 들어 재즈면 재즈, 발라드면 발라드, 랩이면 랩, 댄스 음악이면 댄스 음악이어야지 하나의 음악에 모든 장르가 뒤죽박죽 뒤섞여 있어서는 죽도 밥도 안 된다는 것이다. 이는 음, 박자, 리듬, 그리고 템포도 마찬가지이다. 음이 급격하게 변해 전혀 엉뚱한 방식으로 전개되거나 박자가 아주 느리다가 갑자기 빨라졌다가 또 다시 천천히 가다가 나중에는 빨라졌다가 하면 듣는 사람이 한마디로 짜증부터 낼 것이며, 사람들이 듣고 싶어하지 않는 그런 종류의 음악은 좋은 음악이라고 할 수 없을 것이다. 이는 춤도 마찬가지다. 한국 고전 무용이면 고전 무용, 발레면 발레, 힙합이면 힙합과 같이 한가지 패턴을 계속 유지해야 "스타일 좋은 멋진 움직임(Movements with style)"이 되지, 이 춤 저 춤을 한데 섞어버려 한 가지 춤으로서의 정체성이 결여된 예술작품은 팬들의 외면을 받을 것이다 (물론 발레와 힙합을 섞은 "Hiplet"과 같은 융합 장르가 있기는 하지만 아직까지는 주류 문화라 하기 어렵다). 결론적으로, 음악이던 춤이던 모두 그 특유의 정체성과 일관성을 지속적으로 유지해야만이 노래를 부르거나 혹은 춤을 추는 당사자는 물론 이를 듣고 지켜보는 사람마저 흥이 난다는 것이다. 그 비근한 예로, 아이돌 스타들의 군무(群舞) 역시 매우 다양하면서도 다채로운 움직임을 보이는 것 같지만, 처음부터 끝까지 그들의 움직임을 유심히 살펴보면 그들 역시 어떤 하나의 패턴을 중심으로 일정한 시차를 두고 동일한 동작을 계속 반복 하는 것을 알 수 있다. 이러한 이유로 "(일정한 패턴이 반복되는) 홈"이라는 뜻이었던 "Groove"가 대중 음악에서도 새로운 의미가 부여되며 많은 사람들의 입에 회자되는 표현이 된 것이라 추측된다. (일부 영어 어원사전에는 "in the groove"가 본래는 "나쁜 습관에 빠지다"는 뜻이었다가 점차 "나쁜 습

관 혹은 질병에서 벗어나 예전의 좋은 상태로 돌아가다, 좋은 성과를 거두다"라는 좋은 의미로 진화되었다고 설명하고 있으므로 참고 바람).

아, 그런데 이 "Groove"를 설명하다 보니 필자인 내가 너무 심하게 "into the groove (탐닉하고 깊이 빠져들어가)" 되어 버리면서 그 설명이 너무 길어진 듯 하다. 이제 "Head"의 나머지 부분을 간단히 설명하고, "Golf Club"을 구성하는 다른 파트로 넘어가도록 하자. "Wood"의 "Head"만 가진 부분으로는 "Crown(크라운, Wood의 윗부분으로 왕관처럼 생긴 부분)"이 있고, "Iron"의 "Head"에만 있는 부분은 "Top Line(탑 라인, Head의 윗부분)"과 "Leading Edge(리딩 에지, Iron 하단의 날)" 이다. "Head"에 대한 심층 분석은 여기서 끝.

자, 그럼 이번에는 골프채의 몸통에 해당하는 "Shaft"에 대해서 알아보자. 흠...헌데 그 구조에 대해서는 별달리 할 말이 없는 것 같다. 골프채를 살펴 보면 바로 알 수 있겠지만 그 형태는 이 단어의 첫 번째 뜻과 같이 그냥 "쭉~ 뻗은 막대기"라고 보면 되겠다. 그러나 볼품없는 (?) 외모와는 달리 "Shaft"는 자신의 또 다른 의미(동력을 전달하는 막대 모양의 기계 부품)와 같이 매우 중차대한 역할을 수행하니, 그것은 바로 골퍼의 어깨와 몸통 회전을 통해 발생한 동력을 골프채의 "Grip(손잡이)"으로부터 전달받아 이를 다시 "Head"에 전파하여 공을 저 멀리로 날려 버린다는 것! 그리고 이 단어가 가진 또 하나의 반전 매력은 본래 이 "Shaft"가 중세시대 기병이 사용하던 "창(Spear 혹은 Lance)"의 몸통을 이루는 막대기를 의미했다는 것인데, 아하, 그래서 골프에 환장한(?) 현대인들이 골프채를 무기 삼아 그리 죽기살기로 휘둘러 대는 것이로구나! ^^.

마지막으로 소개할 이 단어의 명사로서의 뜻은 "(엘리베이터 혹은 탄광의) 수직 통로"로서, 만일 이 "Shaft"를 수직으로 똑바로 세워서 뻥튀기 기계에 넣은 후 뻥~하고 튀기면 아마도 그 모습이 커다란 운반 장치가 오르락 내리락 하는 "수직 통로"와 비슷해지지 않을까? 아무

76

튼 그 모양의 유사성으로 인해 그러한 의미도 갖게 되었다고 한다.

그런데 이 "Shaft"에는 뭔 놈의 뜻이 그리 많은지, 동사로는 "(막대기로) 밀다"라는 뜻에서 시작해서 "부당하게 대우하다(treat someone unfairly or harshly)"라는 의미도 있다니 말이다. 하긴 지금으로부터 30~40년 전인 1970~80년대에는 한국의 많은 중고등학교 교사들이 헤드 부분을 제거한 골프채를 회초리로 사용하기도 했기에 무수한(!) "사랑의 매"를 경험한 필자는 이 뜻이 가슴에 팍!하고 와 닿는다. 그리하여 "He got shafted"라고 하면 "(부당하게 승진 등에서) 밀려나다" 혹은 "속임수에 당하다"라는 의미란다.

참고로, 할리우드 영화 중 최초의 흑인 영웅 (엄밀히 말하면 흑인 형사)이 등장하는 "Shaft"라는 영화도 있으니 시간이 나면 챙겨 보도록 하자. 제목이 이러하니 혹시 이 영화의 줄거리는 한 흑인 형사가 "갱도(Shaft)"를 오르락 내리락 하면서 나쁜 놈을 잡는 내용일까? 아니,

절대 그렇지 않고 주인공의 이름이 "John Shaft"라고 한다. 너무 싱겁나? ^^. 그렇다면 한가지 더. 본래 1971년에 만들어진 이 영화는 2000년도에 다시 리메이크 되었는데, 이 리메이크 작에서 주연을 맡은 배우 "Samuel Jackson(사무엘 잭슨)"은 엄청난 골프광으로 영화 촬영 계약을 할 때 일주일에 두 번씩 골프를 칠 수 있게 해달라는 조항을 항상 넣는다고 한다. 물론 골프와 관련된 모든 비용 역시 영화 제작사가 전부 부담하는 조건으로 …

"Shaft"에 이어 이제 골프채를 구성하는 주요 파트 중 마지막으로 (골프채의 제일 윗부분에 위치한) "Grip"에 대해 알아볼 차례다. 일반적으로 "Grip"은 "(골프채의) 손잡이"를 의미하지만 때로는 "골프채를 잡는 자세 (혹은 방식)"를 뜻하기도 한다. 이 단어는 독자 여러분도 잘 아실 "Grasp(이해하다, 꽉 쥐다)"와 어원이 같으며, 이 외에도 "통제(력)", "접지(력)", "움켜쥐다", "사로잡다" 등의 다양한 의미를 갖고 있다. 악기를 제대로 연주하기 위해서는 악기가 마치 연주자의 일부가 된 것처럼 서로가 혼연일체가 되어야 하듯 올바른 골프 스윙을 하기 위해서도 골퍼와 골프채가 한 몸이 되어야 하기에 이 둘을 연결하는 이음새인 "Grip"의 중요성을 인정하지 않을래야 않을 수가 없을 것이다. 따라서 "Grip"의 형태 (Round 혹은 Rip), 재질 (Rubber/Cord/Hybrid /Synthetic/Leather 등) 뿐 아니라 자신의 손 모양에 맞게 "Grip"을 잡는 방법에 대해서도 심도 높은 연구와 꾸준한 연습이 필요하다.


아주 아주 다양한 뜻을 가지고 있는 "(Golf) Club"에 대한 얘기는 여기까지다. 지금부터는 골프의 삼위일체 중 하나면서 동시에 토끼굴(Burrow)의 후손이기도 한 "Golf Hole"로 넘어가 보도록 하자.


**골프의 삼위일체 2. "Golf Hole"과 "108(백팔)", 그리고 "18(십팔)"**

"사람이 가지고 있는 여섯 가지 감각기관인 눈, 귀, 코, 혀, 몸, 생각(인식 기능)이 그 각각의 대상인 모양, 소리, 냄새, 맛, 촉감, 법(인식의 내용)과 서로 접촉할 때 시각, 청각, 후각 등과 같은 여섯 가지 '마음 작용'이 일어난다. 그 '마음 작용'에 '좋다. 싫다. 그저 그렇다.'라는 세 가지 '감각적 분별'이 발생하고, 연이어 좋은 것은 '즐겁게' 받아드리고, 싫은 것은 '괴롭게' 받아드리며, 그저 그런 것은 '방치' 해버리는 세 가지 '인식'이 생긴다. 여섯 가지 '마음 작용'에 모두 여섯 가지 '인식'이 일어남으로 서른 여섯 가지(=6x6)의 번뇌가 발생한다. 다시 이러한 번뇌는 과거, 현재, 미래를 끊임없이 오가며 백팔번뇌(=36x3)를 만들어 낸다..."

이번엔 어느 골프 칼럼니스트가 쓴 "백팔번뇌(百八煩惱)"에 대한 글로부터 썰을 한 번 풀어보자. 그의 말마따나 불교에서는 우리네 불쌍한 중생들의 번뇌를 모두 108가지로 나눈다지만 (어떻게 해서 인간의 번뇌가 108가지가 되는가는 위의 내용을 참고하시라!) 한 밤중에 잠에서 깨어나 한 두 시간만 침대에서 엎치락뒤치락 해보시라. "어떻게 인간의 번뇌가 108개 밖에 안되냐? 최소한 108만 개는 되겠다!"라는 소리가 절로 터져나올 것이다. 흠, 허나 이 "108"이라는 숫자는 인간의 번뇌가 아주 정확하게 "108개"라는 뜻이 아니라 불교의 발상지인 인도에서는 본래 "엄청나게 많다"는 의미라고 하니 너무 뭐라 하지는 말자. 그런데 골퍼들은 이 "108 번뇌"를 조금 다르게 해석하니, 그것은 바로 직경이 "108mm"인 골프홀로부터 생겨나는 온갖 고민과 괴로움을 뜻한다는 것이다. 즉, "어떻게 해서 좀 더 적은 타수로 그 좁디 좁은 홀에 자신의 공을 집어 넣을 것인가"라는 욕망에서 비롯된 108가지의 번뇌라고 주장한다는 것이다. 하지만 여기서 한 가지 의문이 머리 속에서 뭉게뭉게 피어난다. (위에서 언급한 것처럼) 불교의 "108 번뇌"가 딱! "108가지"의 번뇌가 아니듯 골프홀의 지름 역시 그들의 주장대로 에누리 하나 없이 "108mm"가 아닐 수도 있는 것 아닌가? 이미 우리 뇌는 108가지 걱정과 불안으로 가득 차 있지만,

골프에 대한 보다 더 정확한 지식을 하나라도 더 깨치기 위해서 "109번 째 고민"을 기꺼이 감수해 보도록 하자.

음, 헌데 이에 대한 해답은 생각보다 훨씬 쉽게 해결할 수 있을 것 같기도 하다. 왜냐면 골프의 발상지는 영국이고 이를 세계적인 스포츠로 발돋움 시킨 것은 영국의 후손뻘인 미국이며, 이들 나라에서는 길이를 측정할 때 아주 오래 전부터 (물론 현재까지도!) 프랑스에서 만든 "센티미터(Centimeter)"를 거의 사용하지 않고 "인치(Inch)"와 "피트(Feet)"를 쓰기 때문이다! 독자 여러분들께서도 한 번 생각해 보시라. (앞에서 언급한 것처럼) 골프는 영국 (엄밀히 말하면 스코틀랜드)에서 생겨났으며 이에 대한 규칙의 대부분을 만들어낸 것 또한 영국인일진데, 과연 그들이 자신의 조상님들로부터 대대로 물려내려온 단위 대신 옆 나라인 프랑스에서 만든 단위를 기준으로 골프홀의 직경을 정했을까? 이러한 의구심을 잠재우기 위해 골프홀이 탄생한 배경을 인터넷과 책에서 찾아봤더니, 아니나 다를까, 본래 영국인들이 정한 골프홀의 직경은 정확히 "4.25 inch"이고 여기다 25.4를 곱해

밀리미터로 변환하면 정확히 107.95mm (=10.795 cm)가 된다는 것이다! 아니, 그럼 이건 대체 뭔가? 골프홀의 지름이 "108mm"이기에 거기서부터 온갖 108가지 번뇌가 생겨난다는 것은 이러쿵 저러쿵 말만 많은 골퍼들의 "구라(?)"에 불과할 뿐이라는 것 아닌가! 한국의 골프 매니아들이여, 이런 저런 쓸데 없는 "구라" 만들어 낼 시간에 그 좁디 좁은 골프홀에 보다 더 쉽게 공을 집어 넣기 위해서 퍼팅 연습이라도 한 번 더 하시는 게 어떠실지? ^^.

흠, 이렇게 골프와 "108 번뇌"와의 관계는 해결했건만 학구열로 불타 오르는 우리네 머리 속에서 다시금 "110 번째" 번뇌가 솟아 오르는 건 어찌 할 수가 없다. 그것은 도대체 왜 하고많은 숫자 중에 "4.25 (inch)"가 골프홀의 지름이 되었냐는 것! 하지만 이에 대한 해답 역시 좀 싱거우면서도 단순하다. 골프가 태동하던 아주 먼 옛날에는 골프홀 안에 지금처럼 쇠붙이 같은 것이 끼워져 있지 않았기에 비가 많이 오던지 아니면 주말에 골퍼들이 한바탕 휩쓸고 지나가면 항상 홀 언저리가 무너져 골프를 제대로 칠 수 없었다고 한다. 그러던 중 스코틀랜드의 "St. Andrews(세인트 앤드루스)"에서 골프를 즐기던 한 골퍼가 코스 한 구석에 버려진 배수관 토막을 하나 발견하여 홀 속에 집어 넣었고, 그것이 홀 구멍에 꼭 들어 맞는 것은 물론 폭우가 내리던지 혹은 골퍼들이 무더기로 휩쓸고 지나가던지 간에 홀 크기가 일정하게 유지되었다는 것! 그 후 이 소문이 널리 퍼지게 되면서 스코틀랜드의 이곳 저곳에 위치한 골프장에서 배수관 토막을 홀에 집어 넣게 되었으며 급기야 (앞서 소개한 바 있는) "The Royal and Ancient Golf Club of St. Andrews (왕립 세인트 앤드루스 골프클럽)"에서 배수관의 직경인 "4.25 inch"를 그대로 홀컵의 크기로 정해 통일된 규격으로 선포했다는 것이다. 이 말이 믿어지시지 않는가? 그렇다면 이 길로 곧장 부엌으로 달려가 금속제의 "싱크대 배수구 거름망(Sink Filter)"을 한 번 조심스럽게 위로 들어올려 보시라. 아, 정말 놀랍도록 그 크기와 모양이 골프 홀컵과 닮아 있지 않은가! 또한 설거지 하다가 손에서 미끄러져 내린 숟가락이 그 안으로 떨어질라치면 마치 골프공이 홀컵으로 빨려 들어갈 때 나는 "떵~~"하는 경쾌한 소리가 울려 퍼진다. 야구에서 4번째 베이스 역할을 하는 "홈 플레이트(Home Plate)"의 유래도 야구에 미친 남정네들이 부인 몰래 부엌에서 하얀색 쟁반(Plate)을 들고 나와 사용한 것에서 시작됐다고 하던데, 흠, 그렇다면 마나님들의 "Kitchen(키친, 부엌)"이야말로 진정한 현대 스포츠의 발원지라고 할 수 있지 않을까? 이렇듯 현대 스포츠의 발전에 지대한 공헌을 한 그녀들이건만, 골프와 야구에 미쳐버린 남편과 남친 때문에 "Golf Widow(골프에 푹 빠진 남편/남친을 가진 여성이 집에 혼자 외롭게 있으면서 고독에 잠겨 독수공방하는 것을 풍자적으로 비유한 용어)"와 "Baseball Widow"라는 신조어가 생겨났으니 참으로 인간의 역사는 역설적이라 하겠다 (그러나 2020년만해도 국내 전체 골퍼 중 남성이 78%, 여성이 22%였던 것이 2021년에는 남성 66%, 여성이 34%로 여성의 비율이 급격하게 증가하고 있으니 이제 "골프 홀아비"가 생겨날 날도 머지 않았다).

결론적으로, 별다른 이유가 있어서 골프홀의 직경이 "4.25 inch"가 된 것은 아니므로 특별한 의미를 부여하려고 쓸데없이 애쓰지 말자. 골프장에 버려져 있던 배수관 토막을 "우연히" 발견한 골퍼가 "별다른 생각없이" 홀에 끼워 넣었을 뿐이고, 이렇게 "생뚱맞게" 홀에 꼭 맞게 끼워진 배수관 토막이 홀을 "단디" 해주었을 뿐이니. 그 후 골프에 관한 한 세계 최고의 권력기관이라 할 "The Royal and Ancient Golf Club of St. Andrews"가 이에 대한 규정을 만들었을 뿐이고. Period (여기서 끝).

위의 소제목에서 제시한 첫 번째 숫자인 "108"에 대한 정체 파악에 이어 이제 그 두 번째 숫자 "18"과 골프와의 관계에 대해서 알아보도록 하자. 골프에 전혀 관심이 없는 사람이라도 최소한 이것만은 알 것이다. 골프 코스가 총 18개의 홀로 이루어져 있다는 것을. 그렇다면 대체 왜 골프홀은 그 발음도 야릇한 "십팔 개"일까? (이 장의 첫머리에 소개한 에피소드의 내용처럼) 모스크바 인근의 골프장에 억지로 끌려가 팔자에도 없는 골프장 순례를 하게 된 정혁 같이 마음에 전혀 내키지 않는 골프를 치게 된 사람이 라운드 내내 "1818"거려서 18홀이 된 것일까? 그렇지 않으면 18번째 홀에서 항상 "1818"거릴 일이 생겨서 "18홀"이 된 것일까? 말도 안되는 농담 그만 좀 하라고? 알겠다. ^^. 국산 욕설인 "18"에 해당하는 영어 단어는 "FuXX"이기에 만일 수백 년 전 스코틀랜드 사람이 골프장에서 욕을 했다면 골프 홀의 총 개수는 그와 철자와 발음이 가장 비슷하다 할 "Fourteen(14개)"이 되었을 지도 모른다. 그러나 골프 홀의 총 개수는 명명백백히 "18개"이기에 (당연하게도) 욕설과는 그 어떠한 관계도 없으며, 이는 본래 22개였던 홀이 4개 줄면서 18개가 되었다는 거다. 그렇다면 대체 누가 골프 홀의 개수를 18개로 정한 것일까? 당연히 위에서도 계속 등장했던 세계 골프계의 최강자, "The Royal and Ancient Golf Club of St. Andrews"!

골프 역사가들에 따르면 골프의 발원지인 "St. Andrews (Old Course)"는 본래 "22개 홀"이었다고 한다. 좀 더 정확하게는 실제 전체 홀의 개수는 총 12개였지만 라운드를 두 번 돌면서 첫 번째와 마지막 홀은 각각 한 번씩, 그리고 그 외의 홀들은 모두 두 번씩 쳐서 총 22개 홀을 쳤다는 것. 그러던 1764년, 에딘버러 인근의 성주(城主)였던 "St. Clair, Sir(세인트 클레어경)"이 주축이 되어 골프장 전체의 조화와 경기 리듬을 향상시키기 위해 2번과 3번 홀, 그리고 4번과 5번 홀을 하나로 합쳐 총 10개 홀이 되었으며, 이에 따라 골프의 한 라운드 역시 총 18개 홀 (10개 홀 중 첫 번째와 마지막 홀은 한 번씩, 그리고 나머지 8개 홀은 두 번씩 플레이)로 구성되게 되었다는 것이다. 그 후 약 1백여 년이 지난 1858년, "The Royal and Ancient Golf Club of St. Andrews"는 골프의 한 라운드는 18홀 임을 공식적으로 선포했다. 결론 : 골프 홀의 개수가 총 18개 인 것은 "Made in Korea" 욕설인 "18"과는 아무 상관없으니 억지로 끌려갔건 혹은 골프가 잘 안되건 간에 골프장에서는 욕하지 말 것! 지금으로부터 약 20년 전 모스크바에서 골프를 치시던 박차장님의 명언인 "자연 속에서 맑은 공기 마시면서 운동하는 게 얼마나 좋으냐?"를 항상 기억하면서 "들장미 소녀 캔디" 처럼 한 번 활짝~ 웃어보자. 한국에서 골프장을 누빈다

는 것 자체가 대단한 특권이자 엄청난 행복이라는 것을
온 몸으로 만끽하면서 말이다.

자, 그럼 "Golf Hole"에 대해서는 여기까지만 하기로
하고 그 다음 차례인 "Golf Ball(골프공)"로 넘어가 볼까...
했으나 그러자니 골프홀의 원조 격인 "토끼 굴"을 만들
어낸 영국 토끼의 귀여운 모습이 눈에 자꾸 밟힌다. 아,
토끼의 그 해맑고도 순박한 눈빛을 앞으로도 아무런 가
책 없이 바라보기 위해서는 여기서 "토끼 (굴)"에 관련된
영어 표현 몇 개를 소개하고 넘어 가야 될 것 같다.

그 첫 번째는 "Down the rabbit hole". 이 말은 "미지
(未知)의 세계로 들어가다"라는 뜻으로, 전세계에서 가장
유명한 동화 및 애니메이션의 하나이자 수 차례 영화로
도 만들어진 "이상한 나라의 앨리스(Alice in Wonderland)"
에서 유래한 표현 되시겠다. 시계를 들고 부지런히 뛰어
가는 하얀 토끼를 따라가다가 그만 "토끼 굴"에 빠져버
린 "Alice"는 그 속에서 몸이 커졌다 작아 졌다를 반복하
는가 하면 "하트의 여왕(Queen of Hearts)", "공작 부인

(Duchess)", "모자 장수(Mad Hatter)", "체셔 고양이 (Cheshire Cat)" 등 우스광스러우면서도 괴상한 등장 인 물들과 함께 예측이 불가능한 모험을 하기에 이런 표현 이 생겨났다고 한다. 이 외에도 "Chase a white rabbit(실 현 불가능한 환상을 쫓다)", "Fall down the rabbit hole(골 치 아픈 상황에 빠지다)"도 역시 "이상한 나라의 앨리스" 에서 유래한 말이라고 하니, 영국 토끼와 토끼 굴이야 말로 전세계적으로 사랑 받는 스포츠(골프)를 만들어냈을 뿐 아니라 인류 문학사에 길이길이 빛나는 명작(Alice in Wonderland)을 탄생시킨 주역이라고 할 수 있지 않을까? 이렇게 영국 토끼에 대한 "Homage(오마주, 감사 혹은 존경의 표시)"를 끝으로 "Golf Hole"에 대한 내용은 마무 리하고, 이제 골프의 삼위일체 중 마지막 주인공인 "Golf Ball"로 넘어가 보도록 하자.

**골프의 삼위일체 3. "Golf Ball", 골프뽈도 동물성에서 식물성으로?**

최근(2022년) 우리나라에서도 채식(Vegan)에 대한 관심이 점차 높아지면서 채식주의자 숫자가 무려 250만 명에 이른다는 보도가 있었다. 그들이 채식을 하는 이유도 참으로 다양한데, 대부분 동물 보호나 건강, 환경 보호를 위해서 고기를 먹지 않는다는 주장이 많았다. 이러한 추세에 발맞춰 소나 돼지고기와 같은 육류가 아닌 식물성 대체육을 사용한 비건버거(Vegan Burger) 또한 선풍적인 인기를 끌고 있다고 하니, 작금은 가히 "식물성 먹거리의 전성시대"라고 할 수 있지 않을까. 흠...그런데 뭔가 좀 이상하지 않은가? 이 책은 골프에 대한 내용을 다루고 있는데 뜬금없이 식품 소재에 대한 얘기를 하고 있으니 말이다. 그 이유는 바로 지금부터 본격적으로 다룰 골프공 역시 오랜 세월을 통해 그 원재료가 동물성에서 식물성으로 진화되었기 때문이다.

앞서 소개한 것과 같이 어느 유명 골프 칼럼니스트는 "...양떼를 몰던 목동들이 무료함을 달래기 위해 나무 작대기로 돌멩이를 쳐서 토끼 굴에 집어넣던 놀이가 바로 골프의 시작이다..." 라고 했다지만, 일각에서는 목동들이 돌멩이 대신 양털을 뭉쳐서 쳤다고 주장 하기도 한다. 하긴 뭐, 필자 역시 초등학교 다니던 시절에 재미라고는 1도 없는(?) 학교에 가야만 하는 괴로움을 조금이라도 잊기 위해 길바닥에 떨어진 것이라면 돌멩이건 깡통이건 가리지 않고 뻥뻥~ 차고 다녔으니, 저 먼 옛날 스코틀랜드에서 양을 치던 목동들 역시 참기 어려운 권태감에서 벗어나기 위해 돌멩이건 양털 뭉치건 눈에 보이는 것이면 무엇이던 지팡이로 팡팡~ 치고 다니지 않았을까. 그 후 이 양털 뭉치 (혹은 돌멩이)는 속은 거위 깃털로 채우고 겉은 소 가죽으로 만든 "Feathery(페더리, 단어 자체가 '깃털'로 만들어졌다는 뜻이다) 공"으로 진화된다. 19세기 중반까지 널리 사용된 이 공은 전부 수제(手製)였기에 완벽한 원의 형태로 만드는 것이 거의 불가능했음은 물론 생산성이 매우 떨어져 값도 상당히 비쌌다고 한다. 게다가 외부의 충격에 매우 약해 클럽으로 샷을 하거나 땅에 떨어지는 순간 "만두 옆구리 터지듯" 속이 자주 터져 골퍼들을 속 터지게 만들었다는 것이다.

바로 이러한 문제점들 때문에 이 "Feathery Ball"은

19세기 중반 "Gutta Percha(구타 페르차)" 혹은 줄여서 "Guttie(구티)"라 불리는 공으로 대체 되기에 이른다. 이 공은 말레이시아산 "Sapodilla Tree(사포딜라 나무)"의 수 액(Sap)으로 만들었는데, 그 수액이 마치 고무와 같이 부 드럽고 매끈한 감촉을 가지고 있어 주형 틀에 넣고 열을 가하면 쉽게 동그란 공 모양으로 만들 수 있었다고 한다. 또한 가격 역시 상대적으로 매우 싸고 (형태) 복원력과 비거리 역시 뛰어나 큰 인기를 끌게 되었다. 어원적으로 "Gutta"는 "Gum"과 같은 뜻이며 "Gum"의 본래 뜻이 "나 무 수액이 굳은 알갱이(Resin from dried sap of plant)"이 기에 "Gutta Percha"는 "페르차 나무의 수액 덩어리 (혹 은 알갱이)"가 되겠다. 또한 이 식물은 "Sapodilla" 나무 의 한 종류이기에 "Gutta Percha" = "Sap of Sapodilla(사 포딜라 나무의 수액)"라는 공식이 성립한다. 쉽게 말해서 본래 거위 털과 소 가죽과 같은 동물성 소재로 만들던 골프공을 말랑말랑한 나무 수액 등 식물성 소재로 만들 게 되었다는 것! 그리고 한 가지 더. 우리가 때와 장소를 가리지 않고 간지나게 질겅질겅 씹어대는 "Gum"에는

"고무 재질"과 여기서 기인한 "잇몸"이라는 의미도 있다. 그러고 보니 우리네 잇몸이 "고무 재질"과 그 감촉이 비슷한 것 같기도 하다. 나만 그런건가? ^^.

그 후 19세기 말엽부터 "Gutta Percha"는 이보다 탄력과 비거리가 우수한 "Haskell(하스켈) 공"으로 점차 대체 되었으며, 재미있게도 이 공이 등장한 배후에도 "무료함"을 참지 못한 한 남자의 "엉뚱한(?) 창의력"이 숨어있다. 1898년의 어느 날, "Coburn Haskell(코번 하스켈)"은 친구와 함께 골프를 치러가기 위해 그가 일하던 고무 공장을 방문한다. 하지만 한참을 기다려도 친구가 모습을 드러내지 않자 심심해진 "Haskell"은 급기야 공장 여기 저기에 굴러다니던 고무 뭉치를 돌돌 말아서 땅에 튀겼는데, 이게 웬걸, 그 고무 뭉치가 거의 천장 가까이까지 치솟아 오르는 것이 아닌가. 여기서 힌트를 얻은 그는 연구에 연구를 거듭하여 작은 고무 심을 얇은 고무 실로 감은 후 그 표면을 "Balata Sap(발라타 나무의 수액)"으로 감싼 골프공(이름하여 "Haskell Ball")을 시장에 내놓았다. 그 후 이 공을 사용한 골퍼들이 줄줄이 유명 골프대회에서 우승하며 "Haskell Ball"이 대세로 떠오르게 되었으니.

흠...골프의 역사를 유심히 살피다 보니 무료함과 권태로움을 달래기 위한 남자들의 쓸데없는(?) 시도가 골프의 태동과 발전에 엄청난 공헌을 했다는 것을 알 수 있다! 그러니 마나님들이여, 남정네가 휴일 오후에 방바닥이나 긁으면서 쓸데없는 짓거리 한다고 너무 구박하지 마시라. 조만간 저들이 인류의 역사를 확~ 하고 바꿔버릴 기발한 발명품을 세상에 내놓을 지도 모르는 일이니. ^^.

이렇듯 근대인 19세기부터 골프공은 나무의 수액이나 고무와 같은 식물성 소재로 주로 만들어졌으며, 최근에는 첨단 기술이 적용된 합성 고분자 소재와 화학 물질로 만들어진 골프공이 속속 등장하고 있다. 심지어 일반인들은 듣도 보도 못한 "Graphene(그래핀, 탄소에서 추출한 나노 물질로 강철보다 200배 이상 강하면서도 무게는 상대적으로 가벼운 물질)", "Attometal(아토메탈, 금속의 원자구조를 불규칙하게 만들어 탄성과 경도 등을 개선 시킨 소재)"과 같은 신소재가 사용되어 한 알에 무려 2만원(!)이 넘는 골프공까지 등장했다고 하니, 양털 뭉치 (혹은 돌멩이)에서 시작된 골프공의 진화는 단순한 놀라움을 넘어 우리의 탄성을 자아 내기까지 한다. 이에 더해 골프공 내부의 코어와 커버에 서로 다른 양의 감마선을 쪼여 피스(Piece)별로 경도와 탄성을 조절하거나, 골프공 표면을 덮고 있는 딤플(Dimple)의 구조를 유체역학적으로 개선하여 비거리와 체공시간을 늘리는 등 다양한 기술적 시도가 이루어지고 있기에 이제 골프공은 가히 최첨단 과학기술의 결정체라 할 수 있을 듯 하다.

[ 간혹 양털 뭉치나 돌멩이 다음에 등장한 골프공이 페더리가 아닌 나무공이라는 주장도 있으나, 나무공의 비거리는 최대 75미터 정도로 짧았던 데다가 치기도 매우 어려워 골프에 전혀 적합하지 않았다는 견해가 많아 골프공의 역사에서 제외하였음 ]

이제 골프의 삼위일체 중 하나인 골프공에 대한 설명도 거의 막바지에 이른 듯 한데, 마지막으로 골프공과 관련해 여러분들이 반드시 기억해야 할 영어 단어 두 개를 소개하면서 이 장을 마무리하고자 한다. 그 두 단어는 바로 위에서도 잠시 언급했었던 "Piece"와 "Dimple" 되시겠다.

먼저 "Piece(피스)"는 골프공 안의 "겹"을 뜻하며 보통 이 "겹"의 수에 따라 1 피스에서 5 피스정도로 나뉘지만 대부분의 골퍼들은 2에서 4 피스의 공을 사용한다. 2 피스 공은 "코어(Core)"와 "커버(Cover)"의 두 겹으로 된 공으로서, 비거리와 내구성은 좋지만 스핀이 적어 공을 컨트롤하기 어려운 단점이 있다. 그 다음으로 3 피스 공은 코어와 커버 사이에 "Mantle(맨틀)"이 있어 3 피스인데, 2 피스에 비해 비거리는 짧지만 컨트롤감이 뛰어나다고 알려져 있다. 마지막으로 4 피스 공은 3 피스보다 맨틀이 하나 더 있으며, 이를 통해 부족한 비거리를 보충한다고 한다. 따라서 2 피스는 거리, 3 피스는 컨트롤이 장점이며, 4 피스는 이 두 가지 공의 장점을 모두 가지고 있다고 할 수 있겠다 (참고로, 5 피스는 4 피스에 한 겹을 더 씌운 것이고 각 클럽 별로 볼에 전달되는 힘이 달라 어떤 샷에서든지 최고의 효과를 거두기 위해서 개발되었다고 한다).

헌데 바로 여기서 영어 좀 한다고 하는 골퍼들의 머리 속에 한 가지 의문이 떠오를 것 같다. 우리 말의 "겹"에 해당하는 영어 단어는 명명백백히 "Layer"이건만 대체 왜 골프공의 "겹"을 "Layer"라 하지 않고 "Piece"라고 부르는지 말이다. 흠, 이에 대한 대답은 두 가지로 할 수 있을 것 같은데, 그 첫 번째는 골프공의 역사에 근거한 답변이다. (위에서도 언급한 것과 같이) 인류 최초의 골프공은 돌멩이 (혹은 양털)였으며 이는 영어로는 "Stone"이고 문법적으로는 "물질명사 (Material Noun, 물건의 재료가 될 수 있는 명사)"로 분류된다. 그런데 우리가 영어를 처음 배울 때 물질명사를 셀 때는 어떻게 해야 한다고 배웠던고? 그렇다, "Cup", "Glass", "Piece"와 같은 "단위 명사(Unit Noun)"가 반드시 따라 붙어야 한다고 배웠다. 그리하여 "a stone"이라고 하면 틀리고 "a piece of stone"이라고 해야 맞다. 아하, 여기서 어디선가 낯익은 단어가 하나 보이지 않는가? 그것은 바로

"Piece"! 인류 최초의 골프공이었던 "Stone"은 물질명사이기에 항상 단위명사인 "Piece"가 그 뒤를 수 천년 간 졸졸 따라다녔을 것이고, 그리하여 애초에 "a piece of stone"이라 부르던 (돌멩이) 골프공을 줄여서 "Piece"라 불렀을 것이라는 추측이 가능하다 (돌멩이 골프공은 당연히 "Core" 하나로만 이루어진 1 피스 공!). 이는 또 다른 인류 최초의 골프공으로 알려진 "양털"이라는 뜻을 가진 "Fleece"도 마찬가지다. 이 "Fleece" 역시 대부분의 경우 "Stone"과 마찬가지로 "물질명사"로 사용되기에 "한 가닥의 양털"은 "a fleece"가 아니라 "a piece of fleece"라고 해야 맞다 (만일 "a fleece"라고 한다면 이는 "양털"이 아니라 가산명사로서 "양털로 만든 옷"이라는 뜻이다). 따라서 스코틀랜드 목동들은 이 역시 "Stone"과 마찬가지로 어느 순간부터 줄여서 그냥 "Piece"라고 불렀을 것이다. 첫 번째 답변 완료. 믿거나 말거나 ^^.

골프공의 "겹"을 영어로 "Layer"라고 하지 않는 두 번째 이유는 "Layer"라는 영어 단어의 사전적인 의미 때문이다. 영영 사전에서 이 "Layer"의 뜻을 찾아보면 대부분의 경우 "a thin sheet covering a surface(표면을 덮는 얇은 막)"라고 되어 있다. 설명이 너무 어렵다면 영어 그림사전을 한 번 참고해 보자. 이 "Layer"를 설명해 놓은 그림은 마치 "크기는 동일하나 색이 다른 색종이를 겹겹이 위로 쌓아 올린 것" 같이 보이며, 이는 "Layer"의 우리 말에 해당하는 "겹"의 의미 (물체의 면과 면, 선과 선이 층층이 포개진 것)와도 유사한 것을 알 수 있다. 흠, 그렇다면 이제 위에서 설명한 골프공 내부의 구조를 한 번 머리 속에 떠올려 보시라. 골프공의 한 가운데 중심에는 지구의 핵에 해당하는 동그란 원형 모양의 "코어"가 있고, 공의 종류에 따라 조금씩 다르기는 하지만 그 바깥에는 얇은 막 (혹은 겹) 같이 생긴 "맨틀"과 "커버"가 있다. 바로 여기서 "아하!"라는 외마디 탄성이 나오시지 않는가? 골프공의 내부를 구성하는 요소 중 "맨틀"과 "커버"는 얇은 막 (혹은 겹)의 형태이기에 "Layer"에 해당되지만 "Core"는 "(원형 모양의) 동그란 덩어리"이기에 "Layer"가 아니라 "Sphere(구, 球)인 것이다! 그렇다면 이 "Layer"와 "Core"를 하나로 통칭할 수 있는 영어 단어는 과연 무엇일까? 그것이 바로 "Piece(부분, 조각)" 되시겠다! 그리하여 골프공은 "2 피스, 3 피스..." 등으로 구분되고 불리지 "2 레이어, 3 레이어..."와 같은 명칭은 없는 것이다. 그런데 간혹 "3-Layer Golf Ball"과 같이 "Piece" 대신 "Layer"라고 써놓은 골프공 광고도 인터넷에서 보이는데...흠, 앞에서 설명한 대로 골프공 안의 "Core"는 "막 (혹은 겹)"이 아니기에 잘못된 표현이라 할 것이다. 이와 마찬가지로 우리 말로 골프공을 "2겹 골프공" 혹은 "5겹 골프공"이라고 부르는 것도 옳지 않으며, 우리에게 친숙하면서도 사전적인 의미도 맞는 "3 피스 골프공" 등과 같이 불러야 할 것이다.

참고로 2 피스 이상의 골프공은 영어로는 본래 "a golf ball with two (혹은 three, four, five...) pieces"이기에 2 피스 공은 "Two-Piece Golf Ball (2개의 부분으로 이루어진 골프 공)", 5 피스 공은 "Five-Piece Golf Ball (5개의 부분으로 구성된 골프공)"과 같이 써야 올바른 영어 표현이 된다. 이상 "Piece"에 대한 설명 끝. ^^.

이번엔 "Dimple(딤플)" 차례다. 아, "딤플"이라는 말을 들으면 필자는 골프공이 아니라 호주가 낳은 세기의 슈퍼 모델 "Miranda Kerr(미란다 커)"의 볼에 살고 있는(!) 예쁜 "보조개"가 제일 먼저 생각난다. 뭐 또 생각나는 거 없냐고? 당연히 있다. 그것은 바로 보조개처럼 움푹 들어간 삼각형 모양의 병에 담겨있는 위스키인 "Dimple"! 물론 다른 유명 위스키와 마찬가지로 이 술 역시 "Made in Scotland (스코틀랜드 산)"이다.

어원적으로 이 "Dimple"은 "(사람의 볼이나 턱에 있는) 보조개" 혹은 "(표면에 움푹 들어간) 작은 구멍"을 의미하며, 골퍼 여러분들도 잘 아시는 바와 같이 골프공의 표면에 나있는 작은 구멍들 역시 "Dimple"이라 부른다. 언뜻 보아 별 것 아닌 것처럼 보이는 구멍들이건만 이 "Dimple"은 골프공에 작용하는 공기 저항을 최소화해 공의 비행 궤적과 비거리를 개선함은 물론 스핀 조절 능력도 향상시켜 준다고 하며, 비거리의 경우 (딤플이 없을 때보다) 최고 2배 멀리 골프공을 날려보낼 수도 있다고 하니 골프공 하나 당 350에서 400개 정도 있는 이 작은 구멍의 힘은 가히 놀랍다고 하겠다. 음, 그런데 "작은 구멍 (혹은 홈)"이라고 하니 머리 속에 무언가 희미하게 떠오르는 것이 있지 않으신가? 그것은 바로 이 장의 앞에서 "골프 클럽"을 설명 할 때 등장했던 단어 "Groove"! 다시 한번 이 단어에 대한 기억을 상기시켜 보면, 이는 (골프 클럽의) 헤드 표면에 파여진 "홈"을 지칭하며 "골프공과 클럽 'Face' 간의 마찰력을 높이고 스핀을 증가시켜 공을 더 멀리 나가게 하는 동시에 클럽에 묻은 물이나 잔디 같은 불순물을 배출"하는 기능을 가지고 있다. 아, 그렇다면 "작은 홈 (혹은 구멍)"들이 골프에 미친 영향은 정말로 엄청나다고 할 수 있지 않을까? 골프채의 헤드와 골프공에 있는 그들로 인해 비거리와 스핀이 향상됨은 물론 자동으로 청소까지 된다니 말이다. 게다가 "Groove"는 (앞에서 언급한 대로) "멋진 음악을 연주하다", "(음악의 리듬에 맞춰) 노래를 찰지게 부르다", 혹은 "흥에 겨워 신나게 몸을 흔들어 대다"라는 "Sexy"한 뜻을 가지고 있고, "Dimple" 역시 남정네들의 마음을 마구마구 쿵쾅거리게 하는 아리따운 여성의 "보조개"를 의미한다니 이 얼마나 "Hip" 한 단어들이란 말인가! 아따, 정말 쾌지나 칭칭 나네! 라는 콧노래가 절로 흘러나와 "Groove (흥에 겨워 신나게 몸을 흔들다)"하고 싶건만...이제 이 장을 마무리하고 다음 장으로 넘어가기 위해서 아쉽게도 그들에 대한 찬사는 여기서 멈춰야 될 것 같다. ^^.

지금까지 골프의 삼위일체라 할 "Golf Club", "Golf Hole", 그리고 "Golf Ball"에 대해서 알아보았는데, 이 장을 읽고 나서 혹자는 아마 이렇게 말할 지도 모른다. "골프채와 골프홀, 그리고 골프공이 있으면 뭐해? 골프장이 없으면 골프를 칠 수 없는 거잖아? 골프장도 당연히 골프의 불가결한 요소니까 골프장까지 포함해서 '사위일체'가 되어야 하는 거 아니야?" 라고 말이다. 하지만 만일 필자에게 그렇게 시비(?)를 걸어오는 사람이 있다면 이렇게 반박하련다. 최근 유럽에서 큰 인기를 얻고 있는 "길거리 골프"를 한 번 유심히 들여다 보라고 말이다. 유로피언(European)들은 제대로 된 골프장 없이도 도심 속 인적이 드문 공터를 활용해서 골프를 잘만

치고 있지 않은가. 비록 그들의 **홀컵**은 상황에 따라서 매번 바뀌고 퍼팅이 라운딩의 대부분이겠지만, 그들 역시 골퍼로서의 자부심을 느끼며 엄청 재미지게 플레이하고 있지 않냐고, 또 그린으로 우거진 골프장 근처에 가까이 가지도 않고서도 잘만 놀고(?) 있지 않냐고 말이다. 그래도 "Golf Club(골프장)"에 대해서 미련을 버리지 못했다면 다음 장에서 소개할 "Golf Club"의 또 다른 뜻인 "골프채"에 대한 모든 것 (클럽의 역사, 특징과 별칭, 브랜드에 숨겨진 뜻 등)을 한 번 유심히 읽어 보면서 위안을 얻어 보길 바란다. 개봉박두! ^^.

# 제3장.  Driver, Iron & Putter

## : 운전사(Driver), 아이언맨(Iron), 그리고 놓는 자(Putter)?

**[ 에피소드 1. 2003년 10월의 어느 수요일, London 인근의 "Trend Park Golf Club" ]**

"아 ~, 또 왜 그래요? 티샷을 꼭 드라이버로 치라는 룰이 있는 것도 아니고, 자기 스타일 대로 그냥 치면 되는 거지~. 그런 거 갖고 자꾸 뭐라 하면 정말 재미없지, 그렇잖아? 아~ 그럼 허 선배도 나처럼 5번이나 7번 아이언으로 티샷하면 되잖아요? 어때, 내 말대로 한 번 해보는 게???"

아니, 저게 누구한테 반말이야, 정말 오늘 한 판 해보자는 건가? 으이그, 저걸 확 그냥~. 정혁은 가슴 속 깊은 곳에서 솟아 올라오는 화를 가까스로 참으며 자신의 티를 땅 속 깊숙이 꽂고는 새로 장만한 드라이버를 허공에 대고 붕~붕~ 휘둘러 댔다. 바로 전 홀에서 파(Par)를 기록한 찍순이는 이번 홀 역시 여느 때와 마찬가지로 5번 아이언으로 티샷을 해서 일찌감치 공을 페어웨이에 사뿐하게~ 안착시킨 후였다. 이번에는 의기양양한 찍순의 코를 납작하게 만들어 주고 말리라는 부푼 꿈(?)을 안고 젖

먹던 힘까지 짜내어 힘차게 드라이버를 휘두른 정혁, 하지만 이번에도 심하게 빗맞은 골프공은 또다시 깊은 숲 속에 쳐 박히고 말았으니.

"어이구, 어떡해요, 공이 또 숲 속으로 숨어 버렸네? 러프(Rough)면 그나마 좀 나은데. 형, 멀리건(Mulligan, 최초의 티샷이 잘못되었을 때 벌타 없이 주어지는 세컨드 샷) 드릴까요? 아~ 그러니까 나처럼 아이언으로 티샷하시라니까요. 헤헤헤."

화가 머리 끝까지 나버린 정혁은 그 어떤 대꾸도 하지 않고 낄낄거리는 찍순을 뒤로 하고는 자신의 공을 삼켜 버린 숲을 향해 빠른 걸음으로 나아가기 시작했다. 으이그, 저 얄미운 놈, 오늘 내가 네 그 납작한 코를 더더욱 납작하게 만들어 주리라...

백 년 만에 최고였다는 런던의 폭염이 아직도 기세

등등하던 2003년 8월말, 이제 막 경영대학원에서 두 번째 해를 맞이하게 된 정혁은 "자기 본연의 모습"에 충실하겠다는 굳은 결심을 했다. 작년에는 난생 처음 접하는 생소한 과목은 물론 영어 때문에 죽을 둥 살 둥 엄청난 고생을 했건만, 2학년이 된 올해에는 자신이 좋아하는 마케팅과 비즈니스 전략 위주로 공부할 수 있는데다가 영어 실력도 본궤도에 올랐다고 느꼈기 때문이었다. 그리하여 그는 학교 인근의 "Regent's Park Golf Club"에서 현역 PGA 프로로부터 일주일에 3회씩 골프 레슨을 받음과 동시에 매일같이 골프연습장에서 2시간 동안 스윙 연습을 하고, 아무리 못해도 매주 최소 2회씩의 라운딩을 하겠다는 굳은 결의를 다지게 된 것이었으니! 아~, 그가 머리 속에 그린 "자기 본연의 모습"이란 "공부에 전념하는 (경영대학원) 학생"이 아닌... "진정한 골퍼"였다.

그런 정혁을 더더욱 골프에 매진하게 만든 건 바로 그의 동급생인 "찍순"이었다. 찍순이는 정혁보다 나이는 세 살 어렸지만 모 자동차 회사에서 병역특례 연구직으로 병역을 대신한 관계로 직장 경력은 그와 엇비슷했고,

골프에 입문한 시기와 실력도 정혁과 "삐까삐까"했다. 게다가 그는 정혁의 모교와 "영원한 라이벌"인 모 대학을 졸업하였기에 명실상부한 정혁의 "호적수"라 불릴 만 했다. 그리하여 그들은 "Golf Buddy (주기적으로 골프를 같이 치는 친구 혹은 지인)"가 되어 런던 주변의 여러 골프장을 배회하며 본격적으로 골프를 치기 시작했건만…스포츠건 공부건 간에 실력이 고만고만한 애들(?)끼리만 몰려 다녀서는 실력이 좀처럼 늘지 않는 것이 만고의 진리인지라 그들은 결국 동급생 중 최고의 골프 고수인 "우진"에게 읍소하여 1주일에 최소 한 번씩은 골프를 같이 치기로 했으니. 그리고 내기를 해야 실력이 단기간에 급상승 할 거라는 우진의 제안을 받아 들여 셋이서는 매 홀 경쟁해서 꼴찌를 제일 많이 한 사람이 런던으로 돌아가는 기차표 사기 (우진이 압도적인 수준의 최고 고수이기에 나머지 두 명에게 다섯 홀 접어주고 시작), 정혁과 찍순 이 둘은 홀 당 경쟁하여 최종 합계 기준으로 더 많은 홀을 진 사람이 (우진을 포함한) 나머지 둘에게 저녁 사기 내기를 하기로 합의를 보았다.

2003년 여름과 함께 불타오르기 시작한 그들의 골프에 대한 열정은 영국 기상 관측 사상 최고였다는 그 해의 폭염도 감히 막지 못했고, 10월 초가 되자 정혁과 찍순의 승패가 거의 엇비슷해지면서 (당연히 우진은 압도적인 실력으로 항상 1등!) 서로 간의 라이벌 의식은 점점 더 거세지고 있었다. 그러던 어느 날, 파3도 아닌 파4홀에서 찍순이가 별안간 1번 우드는커녕 3번 우드도 아닌 5번 아이언(!)을 당당하게 뽑아 들더니 티샷을 하는 것이 아닌가. 우드보다 상대적으로 치기 쉬운(?) 아이언이어서 그런지 거리는 당연히 좀 덜 나갔지만 페어웨이에 무사히 안착. 그런데 갑자기 정혁의 얼굴이 일순간에 벌겋게 달아올랐는데, 그 이유는 바로 찍순이 5번 아이언으로 친 볼이 방금 전 정혁이 드라이버로 아주 거세게 후려갈긴(!) 공보다 더 멀리 나갔기 때문이었다. 게다가 정혁의 볼은 러프와 페어웨이의 경계선에 아슬아슬하게 걸쳐 있었건만, 찍순의 공은 페어웨이 한 가운데에 위풍당당하게 떨어져 있었다.

"오호라, 어제 원 포인트 레슨 받은 게 완전 딱 들어 맞네! 난 이제부터 아이언으로 티샷 할께요. 정혁이 형, 괜찮지? 우진이 형이야 완전 고수인데다 마음도 바다같이 넓으니 뭐 별 말 안 할거고. 헤헤헤."

이런 XX, 누가 쪼잔한(?) 신촌골 대학 출신 아니랄까봐 저리 얍씰하게 굴긴. 사내 대장부면 OB(Out of Bounds, 공이 코스 밖으로 벗어난 것)가 나더라도, 아니심지어 공이 홀과 반대 방향으로 나가는 한이 있어도 질러 부리고 쌔려 부려야지. 흠...근데 이걸 어쩐다...저 녀석한테 아이언으로 티샷 하지 말라고 하면 나도 똑같이 쪼잔한 놈이 되어버릴 텐데...얼굴이 붉어진 채로 잠시 고민에 빠진 정혁 대신 우진이 잽싸게 입을 열었다.


"아, 당연히 되지, 아이언으로 티샷하지 말라는 골프 룰이 있는 것도 아니고 말이야. 아이언으로 또박또박 치면 실수 할 확률도 줄어서 점수가 더 잘 나올 수도 있어. 너같이 비거리는 좀 되는데 아직 초보인 골퍼들은 아이언으로 티샷 하는 것도 괜찮아. 골프 도사 '우진' 가라사대, 아이언으로 티샷해도 무방합니다요~. 어이, 허프로, 그런 거 갖고 뭐라 하면 쪼잔하다는 얘기 들어요. 푸하하하..."

이런 XX, 싸우는 시어머니보다 말리는 시누이가 더 밉다더니, 저 시끼가 아주 내 속을 뒤집어 놓는구나. 으이그, 나보다 단 한 살이라도 어리면 한 대 쥐어박기라도 하련만 나랑 동갑이니 어찌 할 수도 없고. 정혁은 속으로 이렇게 생각하며 솟아오르는 울화를 가까스로 억누르고 있었다. 하지만 저 멀리 페어웨이에 떨어진 두 개의 흰 점이 눈에 들어오자 그의 얼굴은 다시금 붉으락푸르락 거리고 있었으니. 그린과 가까이 떨어진 공은 바로 우진의 것이었고, 그 뒤에 보이는 흰 점은 티샷을 아이언으로 한 얍쌉한 놈의 것. 그런데 그 한참 뒤에 있는 정혁의 공은 티박스(Tee Box)에서 상대적으로 가까워 더 잘 보여야 하건만 러프에 반쯤 가려져 골프공인지 깨진 달걀 껍질(!)인지 잘 구분이 되지 않았다.

정혁은 찍순이 아이언으로 티샷을 하기 시작한 10월 초부터 둘 간의 대결에서 연전연패(連戰連敗)하면서 자존심에 큰 상처를 입은 데다가 런던으로 돌아가는 기차표와 함께 매번 저녁까지도 사야 하는 경제적 부담까지도 짊어져야만 했다. 하지만 드라이버로 쳐도 찍순이 녀석의 아이언 샷보다 비거리가 짧은 마당에 단순히 페어웨이 안착률을 높이겠다고 아이언으로 티샷을 할 수도 없는 노릇이어서 정혁의 고민은 날이 갈수록 점점 깊어가기만 갔다. 이제 남은 단 한 가지 방법은 쇼트 게임에서 승리하는 것이라 결론 내린 정혁은 하루가 멀다 하고 골프연습장에 가서 코치선생님과 함께 피칭(Pitching)과 치핑(Chipping), 그리고 퍼팅 연습에 혼신의 노력을 기울였다.


"아이구, 이거 공 찾다가 시간 다 가겠네. 우리 바로 뒤 팀이 저 쪽에서 또 눈치 주는데? 허프로, 대충 찾고 그냥 가죠? 근데 밀림의 왕자 '호랑이'가 상징인 대학을 나오신 분이 숲에서 왜 이렇게 헤매시나? 호랑이가 아니라 고양이 학교 출신 아니야? 푸하하하!"

아주 우진이 이 자식이 내 염장을 지르는구나. 그래, 내가 고양이 학교 출신이면 관악산에 있는 국립 대학 나온 너는 "낙성대" 출신이냐? 그리고 찍순이의 모교는 독수리 학교가 아니라 까마귀 학교고? 아, 내가 지금 이런 잡생각이나 하고 있을 때가 아니지. 상처받은 자존심을 조금이라도 만회하려면 슬쩍 알이라도 까야 하나. 악, 이런, 주머니에 공이 하나도 없네. 골프 가방 안에 있는 걸 꺼낼 수도 없고, 이걸 어쩐다...아, 바로 저기 있다, 찾았다! 내 공! 깊은 숲 속에서 자신의 공을 발견한 정혁은 외마디 함성을 지르기가 무섭게 주변의 말뚝을 살피며 공과 골프홀까지의 거리를 머리 속으로 대략 재본 후 7번 아이언을 꺼내 힘껏! 공을 후려 갈겼다. 그리고 그는 마음 속으로 간절히 기원했다.

"골프의 신이시여, 제가 친 공이 이 울창한 숲을 뚫고 그린 바로 앞에 멈추도록 해주시옵소서! 비나이다, 비나이다. 옥황상제, 하느님, 여호와, 석가모니, 천지신명께 비나이다. 나무아미타불 관세음 보살, 인샤라, 할렐루야, 아멘..."

찍순, 우진, 그리고 정혁, 이렇게 셋은 나란히 서서 푸른 창공을 뚫고 멀리멀리 날아가는 정혁의 흰 골프공을 하염없이 바라보고 있었다.

-에피소드 2에서 계속-


**[ 에피소드 2. '에피소드 1'와 같은 날, 같은 시간, 같은 장소 ]**

"뭐야, 진짜! 매너 없게시리 그린 밖에서 퍼터로 치면 어떡해요? 아까는 무슨 어프로치 샷을 때굴때굴 굴리지를 않나, 아, 정말로 재미없네..."

찍순이 이 자식이 보자 보자 하니까 말을 너무 심하게 하네? 티샷도 압살하게 아이언으로 하는 놈이 지금 골프 매너가 뭐 어쩌고 저째? 야, 골프 교본에도 엄연히 "볼과 핀 사이에 큰 장애물이 없을 때는 때굴때굴 굴려라"라고 돼있어! 그리고 그린 밖에서 퍼터로 친다고 매너 없다고 하는 놈은 살다살다 내가 처음 본다! 남이사 공을 굴리던 띄우던, 빽시끼(!)를 걸던, 퍼터로 치던 니가 무슨 참견이야! 라고 정혁이 소리치려는 순간, 옆에 있던 우진이 한 마디 거든다.

"아, 뭐, 나름 작전일 수도 있지. 러프에서 우드로 치는 사람도 있는데, 뭘. 그리고 찍순아, 아까 내가 잊어버리고 얘기 못했는데, 넌 아이언 샷 하면서 생긴 디봇(Divot, 샷을 하면서 떨어져 나가거나 패인 잔디조각) 수리하고 와야지 그냥 오면 어떡해? 다음부터는 꼭 수리하라고. 내가 어떻게 수리하는 지도 알려줬잖아?"

푸하하하, 고것 참 고소하다. 하긴 골프장에서 그 무엇보다 무서운 해충은 디봇이기에 자기가 만든 디봇을 남겨 놓고 가는 골퍼는 골퍼 자격이 없다고들 하지. 그건 마치 화장실에서 한 바탕 퍼질러 싸놓고는 물도 안 내리고 가는 놈이랑 똑같은 거라고. 벙커(Bunker)에서도 마찬가지야. 그 안에서 한 번 허우적거리면 다시는 돌아보고 싶지도 않겠지만, 다음 팀을 위해서 샌드(Sand)는 반드시 깔끔하게 정리하고 떠나야 하는 법! 한국에서야 캐디님들이 도와 주실 수도 있지만 캐디와의 동행이 그리 일반적이지 않은 영미권에서는 당연히 자기가 스스로 해야 되는 것이라네, 친구! ^^.

우여곡절 끝에 무사히 숲에서 탈출한 정혁은 세컨드 샷을 가까스로 페어웨이에 안착시킬 수 있었고, 공과 그린 사이에 별다른 장애물이 없는데다가 페어웨이의 풀들이 잘 정돈되어 있는 것을 확인 한 후 세 번째 샷은 높이 띄우지 않고 그냥 데굴데굴 굴려 버렸다. 그리고 풀밭 위를 통통~ 튀어가 그린 바로 바깥 쪽에 멈추어 선 볼을 자기가 제일 자신 있어하는 롱 퍼팅(Long Putting)으로 마무리해서 운 좋게 파(Par)를 기록! 반면 찍순이는 세컨드 샷을 그린에서 약 50미터 떨어진 곳에 붙이는 데까지는 성공했지만, 공이 높이 떠올랐다가 백스핀이 걸려 홀 쪽으로 후진하는 멋진 피치 샷을 구사하겠다고 큰소리 치다가 공이 그만 깃대를 훌쩍~ 넘어가 버리는 바람에 홀컵을 사이에 두고 "왔다리 갔다리"한 결과, 트리플 보기(Triple Bogey)를 기록! 만면에 미소를 가득 머금은 정혁은 깃대를 홀컵에 살짝 꽂으며 마음 속으로 크게 외쳤다. 역시 PGA 프로님과 함께 쇼트 게임에 매진한 것이 신의 한 수였어! 오늘의 대결은 지금부터 시작이다! 각오해라, 찍순아!


"아, 허 프로, 오늘 정말 프로 같아요. 울창한 숲을 뚫고 탈출한 것만 해도 대단한데 단 한 번의 퍼팅으로 파(Par)를 잡다니! 이번 홀에선 나도 퍼팅 실수하는 바람에 보기(Bogey)이니 허 프로가 1등 하셨네요. 찍순아, 넌 쇼트 게임 연습 좀 더해야겠다. 그리고, 야, 니가 프로도 아닌데 뭐 그리 멋 부리면서 치려고 하냐, 아직 초보면 좀 더 기본에 충실해야지 말이야..."

우진의 말을 들은 찍순은 일순 미간을 찌푸리더니 아무런 말도 없이 골프 백을 어깨에 들쳐 매고는 빠른 걸음으로 다음 홀로 이동하기 시작했다. 그런 찍순의 뒷모습을 바라보던 정혁은 전설적인 골퍼 "Bobby Locke(바비 로크)"의 오래된 격언인 "드라이버는 쇼, 퍼터는 돈(You drive for show but putt for dough)"을 머리 속에 떠올렸다. 흠, 근데 요즘엔 좀 바뀐 것 같아. "드라이버는 쇼, 아이언은 예술, 퍼터는 돈"으로 말이야. 찍순아, "쇼" 하는 연예인, 그리고 "퍼팅" 잘하는 골퍼는 많은 돈을 벌 수 있지만 니가 허구한 날 아이언 들고 하는 "예술"은 언제나 배고픈 거란다. 푸하하하.


## 골프채의 다양한 별명, 혹은 별칭들

골프채의 기능과 구조에 대해서는 앞 장에서 상세히 (?) 설명했으므로 본 장에서는 단도직입적으로 골프채 각각의 별칭에 대해서 알아보도록 하겠다 (누구 맘대로?

당연히 작가 맘대로. ^^.).

제일 먼저 티샷이나 페어웨이 샷과 같이 공을 멀리 보내는 용도로 사용되는 "Wood(우드)"부터 시작해 보기로 하자. 골프가 태동하던 먼 옛날은 물론 20세기 초까지도 헤드 부분이 나무로 만들어졌기에 "Wood"라는 이름이 붙은 이 골프채의 종류는 9개 정도라고 알려졌었지만 최근에는 헤드 경사면의 각도에 따라 서로 다른 무려 25번 우드까지 판매하고 있다고 한다. 필자 역시 한때는 나름 "Avid Golfer(골프광)"였건만 이 수많은 "Wood" 중 실제 쳐 본 것은 단 4개 (1/3/5/7번)에 불과하다니, 오호, 애재(哀哉)라!

이 우드 중 길이와 비거리가 가장 긴 1번 우드 "Driver"는 파4 이상의 홀에서 대부분의 티샷을 전담하며, 예전에는 "Grass Club", "Long Club", "Play Club", 그리고 "Hickory Shafted Driver"와 같이 다양한 이름으로 불렸지만 현재는 "Driver"라는 하나의 명칭으로 통일되었다. 그런데 이 "Driver"의 어원을 따져보다 보면 한 가지 재미있는 사실을 발견하게 되는데, 이 단어는 어원적으로 양과 같은 가축을 모는 "목자(Herdsman)" 혹은 "양치기(Shepherd)"라는 뜻이었다가 점차 마차나 자동차 같은 교통 수단이 등장하면서 그 의미가 "마부", "(자동차 혹은 기차의) 운전사"로 확장되었다는 것이다. 아, 그렇다면 인류 역사상 최초의 골퍼였던 "양치기"가 자신이 휘두르던 골프채에 자신의 직업을 지칭하는 단어(Driver)를 갖다 붙인 것일까? 음, 아쉽게도 그건 아닌 것 같다. 왜냐면 골프채에 "Driver"라는 별칭이 붙은 것이 대략 19세기 말로 추정되기 때문에! 그럼에도 불구하고 스코틀랜드 양치기들이 골프라는 스포츠에 한 기여는 참으로 큰 것 같다. 그들이 골프의 조상에 해당하는 스포츠를 최초로 했음은 물론 라운딩의 승패를 가늠할 수도 있는 골프채가 한 때 그들을 지칭했던 단어(Driver)로 불리고 있으니 말이다. 골프 역사학자들은 "Driver"가 본래 가축이나 승객을 앞에서 이끌어 나가면서 길을 인도하는 역할을 했듯이 골프에서의 "Driver" 역시 그 어떤 골프채보다 제일 먼저 샷을 할 뿐 아니라 그 샷의 결과가 전체 라운딩에 미치는 영향이 지대하기에 이러한 이름이 붙었을 거라 추측한다. 축구에서 승부차기를 할 때 가장 슛을 잘하는 사람이 항상 첫 번째 키커(Kicker)로 나오듯이 골프에서의 "Driver" 역시 모든 골프 클럽 중 가장 첫 번째 "키커"이기에 그 중요성은 매우 크다 할 것이다.

그 다음은 아마 대부분의 골퍼들이 구경조차 해본 적이 없을 2번 우드인 "Brassie(브래시)" 차례다. 이 "Brassie"는 "놋쇠" 혹은 "금관악기"라는 뜻을 갖는 "Brass"의 뒤에 "~ie"가 붙어서 탄생한 단어인데, 접미사 "ie"는 "작은 것", 혹은 "(어떤 특정한 성질을 갖는) 사람 혹은 사물"을 뜻한다. 지금 같은 금속 재질의 우드가 사용되기 전인 아주 먼 옛날, 골퍼들은 나무로 만든 우드의 헤드가 손상되는 것을 막기 위해 그 위에 놋쇠판을 덧댔다고 하며, 그리하여 헤드 크기만한 (작은) 놋쇠 조각이라는 뜻의 "Brassie"라는 신조어가 탄생했다고 한다. 또한 접미사 "ie"의 두 번째 뜻 (~한 성질을 갖는 사물)에서 기인하여 "놋쇠로 만든 사물"이라는 의미를 갖는 "Brassie"가 탄생했다고도 전해 내려온다. 참고로, "Brass"와 "Bronze"

가 헛갈리는 분들을 위해 그 차이점을 간단히 설명하면, 'Brass"는 "놋쇠" 혹은 "황동(黃銅)"으로서 구리와 아연의 합금이며, "Bronze"의 뜻은 "청동"으로 구리와 주석의 합금이란다. 흠...필자는 이렇게도 열심히 영어 단어를 설명하고 있건만, "All ladies do it", "Monella"와 같은 농도 짙은 성애(性愛) 영화를 만든 이탈리아의 영화 감독 "Tinto Brass(틴토 브라스)"를 머리 속에 떠올리시는 분은 대체 누구신가? ^^. 또한 이 2번 우드는 "Brassie"말고도 "Scraper(스크레이퍼)"라는 이름으로도 불렸었는데, "Scrape"가 "긁다" 혹은 "긁어내다"라는 뜻이기에 이의 명사형인 "Scraper"는 "(흙이나 성에 등을) 긁어 내는 도구" 혹은 "(건설 현장에서 사용되는) 굴삭기"를 의미한다. 흠, 예전에 골퍼들이 이 우드로 공을 칠 때면 소위 말하는 "뒤땅"을 치면서 땅을 엄청 긁어댔기에 이런 별명이 붙은 것일까? 아쉽게도 그에 대한 명확한 어원은 전해지지 않는 듯 하다. 한편 이 "Scraper"가 포함된 단어 중 "고층 빌딩"이라는 뜻을 가진 "Skyscraper"라는 명사가 있는데, 아주 옛날에는 이 "Scrape"의 뜻이 "지워버리다

(Erase)"였기에 "높고 푸른 하늘을 (사람들의 시야에서) 지워 버리는 고층 건물"이라는 의미의 신조어인 "Skyscraper"가 탄생했다고 한다.

이번엔 "Long Spoon(롱 스푼)"이라고 불리는 3번 우드 차례다. 우리 말로는 "긴 숫가락" 정도의 뜻이 될 텐데, 이 표현을 들으니 마치 우드가 "(아주 커다란) 숟가락"처럼 보이기도 한다. 이 "Spoon"이라는 단어가 포함된 영어 숙어 중 "Born with a silver spoon in one's mouth"라는 표현도 있으며, 그 뜻은 여러분들도 잘 아시다시피 "금수저로 태어나다", 즉 "부유한 가정에서 태어나다"라는 의미가 되겠다. 그런데 여기서 한 가지 궁금증이 피어오른다. 우리는 흔히 "부자집 자제"를 "은수저"가 아닌 "금수저"라 부르건만 대체 왜 영어로는 "금수저"가 아닌 "은수저"를 입에 물고 태어났다고 하는 지 말이다. 흠, 그 어원을 찾아보니 이는 세기의 문호인 "Miguel de Cervantes Saavedra(미겔 데 세르반테스)"가 쓴 소설 "Don Quixote(돈 키오테)"에서 유래한 표현으로서, 본래 내용은 "All that glitters is not gold. Every man was not born with a silver spoon in his mouth (반짝이는 것이 다 금은 아니고 모든 사람이 다 부유한 가정에 태어나는 것은 아니다)"라고 한다. 따라서 "은"이 "금"보다 더 가치가 있어서 "Silver Spoon"이라는 말이 탄생한 것이 아니고 우리가 영어 문법책에서 지겹도록 본 "All that glitters is not gold"라는 표현과 댓구를 맞추기 위해 "은"을 사용했다는 것! 한편 지금으로부터 약 40년 전인 1980년대 초 "Silver Spoons"이라는 미드가 우리나라에서도 큰 인기를 얻었으며, 그 주인공들 역시 드라마 제목과 같이 모두 금수저였다 (아버지 : 장난감 만드는 대기업 사장, 아들 : 당연히 태어날 때부터 부자집 아들). 이 드라마에서 아들 역으로 나온 "Ricky Schroder(릭키 슈로더)"는 당시 10대 초반으로 전세계적인 인기를 끌었었는데, 이제는 골프를 즐기기에 넉넉한 나이 (50대 중반!)가 되었으니, 참말로 세월 참 빠르다! ^^.

그 다음으로 4번째 우드의 별칭은 "Baffie(배피)" 혹은 "Baffing Spoon(배핑 스푼)"이며, 동사인 "Baff"는 스코틀랜드 방언으로 "(세게) 치다"라는 뜻이라고 한다. 자,

그럼 다시 한번 복습해 보자. 앞에서 접미사 "ie"가 무슨 뜻이라고 했던고? 기억이 가물가물 하신가? "ie"는 "작은 것", 혹은 "(그러한 성질을 갖는) 사람 혹은 사물"이란 뜻이라고 했다. 그렇다면 "Baffie"는 "(1,2,3번 우드 보다는 작은) 골프채" 혹은 "(무언가를 강하게) 치는 도구"라는 것을 알 수 있다. 그리고 "Baffing Spoon"은 "(강하게 치는) 스푼"이라는 뜻이 될 것이다. 그런데 골프채를 지칭하는 말에 이 "Spoon"이 자주 사용되는 것에 수상함(?)을 느낀 필자가 곧바로 "Spoon"의 어원을 찾아보았더니, 흠, 아주 오래 전 그 뜻은 "길고 평평한 나무 조각"이었다는 거다. 그러니까 호랑이가 담배 피던 시절 유럽에 살던 원시인(?)들은 숟가락이던 골프채건 간에 "길고 평평한 나무 조각"은 죄다 "Spoon"이라고 불렀다는 것! 그렇다면 "Baffing Spoon"은 "(강하게 치는) 스푼"이 아닌 그냥 "골프채"라고 불러도 무방할 듯하다.

이제는 필자도 소시 적에 꽤나 애용했었던 5번 우드의 명칭에 대해 설명할 차례다. 5번 우드는 "Middle Spoon(미들 스푼)" 혹은 "Cleek(클릭)"이라 불리며, 우선

"Middle Spoon"은 앞서 소개한 "Long Spoon" 및 "Baffing Spoon"의 연장선 상에서 이해하면 될 것 같다. 그 다음으로 우리에게 다소 생소한 "Cleek"은 "갈고랑이"라는 뜻인데, 좀 더 자세하게는 옛날에 "돼지 잡을 때 쓰던 갈고랑이"란다. 그래서 그 사진을 인터넷에서 찾아봤더니, 흠, 그 모습이 골프채와 약간 비슷해 보이기도 한다. 그리고 이 단어와 그 형태가 유사한 "Creek"은 "(작은) 개울"이나 "시내"를 의미하며 유럽에서 꽤나 인기 있는 "Jacob's Creek(제이콥스 크릭)"이라는 호주산 와인도 참고로 알아두자 ("Jacob"이라는 이름을 가지신 분이 작은 개울과 가까운 곳에서 재배한 포도로 만든 술이라고 한다).

그 다음은 6번 우드. 7번 ~ 9번 우드가 있는 것으로 보아 예전에는 6번 우드가 분명 있었을 것 같고 또 인터넷에서도 간혹 6번 우드를 판매한다는 광고가 보이기도 하지만, 이전부터 그리 많이 사용되던 우드는 확실히 아닌 것 같다. 그리고 한 때 "Short Spoon"이라고 불렸다는 정보도 인터넷에 올라와 있긴 하지만...그다지 확실해 보이지 않으므로 여기까지만 하고 다음으로 넘어가자.

이번엔 7번 우드에 대해서 알아볼 차례. 7번 우드는 글로벌 최고의 골프장비 업체 중 하나인 "Callaway(캘러웨이)"가 1991년 세계 최초로 만들었으며, 이 제품을 시장에 출시하면서 "Big Bertha Heaven Wood"라는 이름을 붙였다고 한다. "Big Bertha"는 본래 1차 세계대전 당시 전쟁터에서 큰 활약을 했던 독일제 대포로서, 위력이 엄청났던 이 대포만큼이나 골프공을 펑펑~ 날려 보낸다는 의미로 이러한 이름을 붙였다고는 하나...2차 세계대전때 미국과 서로 총을 겨누었던 적국의 대포 이름을 골프채 이름으로 사용하기가 좀 거시기했는지 "Heaven"을 뒤에 붙여서 "천국의 골프채 (생각대로, 그리고 치는 대로 잘 맞는다)"라는 광고 카피를 주로 사용했다. 필자 역시 이 7번 우드의 스위트 스팟(Sweet Spot)에 공이 정타(正打)로 맞아 나가는 "바로 그 느낌"과 쭉쭉 뻗어나가는 골프볼을 바라보는 쾌감으로 이 클럽을 한 때 애용하기도 했었지만 솔직히 말해서 치기 쉬운 골프채는 절대 아니다. 그리하여 잘만 치면 이름 그대로 "천국"이지만 그렇지 못할 경우 곧바로 "지옥"으로 떨어져 버리는 "양날의 검"
이라고나 할까. 하지만 파5홀에서 두 번째 샷을 쳐야 할
차례가 왔을 때 과연 이 7번 우드의 유혹을 뿌리칠 자가
몇이나 될지 심히 궁금하도다. 허허허 (허탈한 웃음)...

　　7번 우드 다음은 당연히 8번 우드가 되겠지만 이 또
한 6번 우드와 마찬가지로 그다지 애용되는 골프채는 아
니기에 "멋지고 훌륭한 신의 클럽 (Divine Nine)"으로 알
려진 9번 우드로 바로 넘어 가도록 하자. 일반적으로 행
운의 숫자는 "7(Seven)"로 알려져 있지만 "9(Nine)" 역시
이에 만만치 않은데, 그 이유는 바로 "완벽의 숫자"로 알
려진 "3(Three)"이 "3개" 모여 있기 (3*3=9) 때문 ("3"은
고대 그리스는 물론 동양에서도 아주 오래 전부터 완벽
의 숫자로 여겨졌으며, 하나만 있으면 불완전하고 둘이
면 대립하고 구분이 생길 수 있으나 숫자 '3'은 완전함을
의미한다. 이는 변증법에서 얘기하는 정-반-합과도 일맥
상통한다)에 "숫자 9"는 인간이 이룰 수 있는 최고 경지
의 수로 인식되어 왔으며, 또한 십진법 상에서 "10"이
"신의 영역(Divine)"에 해당하는 가장 완벽한 수로 신성하

게 여겨졌기에 이보다 하나가 모자란 "9"를 인간이 도달할 수 있는 가장 완전한 숫자로 삼았던 것이다. 홈, 그렇다면 대체 왜 9번 우드에 "Divine Nine"이라는 별칭이 붙었는지 좀 더 명확해 진다. "9"는 비록 "신의 영역"인 "숫자 10 (Divine Ten)"에 한 수 못 미치는 "인간의 최고 경지 (Human Nine)"일 뿐이지만 이 "Divine Nine" 우드와 함께 이러한 한계를 훌쩍~ 뛰어 넘어 모든 골퍼가 "신의 영역 (Divine Nine)"에 도달하기를 바라는 골프 장인(匠人)의 염원을 담아 이러한 이름을 붙였다는 것! 즉, 신(神)이 만든 것이나 다름없는 이 골프채를 통해 타수가 팍팍~ 줄어들 것 같은 느낌이 골퍼의 가슴 속 깊숙이 스며 들도록 말이다. 그렇다면 "Divine Nine"과 같은 사이비(?)가 아닌 진짜배기 "신의 골프채"인 "Divine Ten" 골프채도 존재할까? 몇몇 업체에서 우드 10번을 만들긴 하지만 아쉽게도 "Divine Ten"이라는 별칭을 가진 우드는 이 세상에 없다.

이제 마지막으로 11번 우드에 대해서 알아보도록 하자. 11번 우드는 "Ely Would(엘리 우드)"라는 별칭으로 불리며, 이는 앞서 소개한 골프채 생산업체 "Callaway"의 창업자인 "Ely Reeves Callaway(엘리 리브스 캘러웨이)"의 이름(First Name)을 딴 것이라 한다 (Callaway에서 만든 몇몇 골프채의 헤드 뒷면이나 골프공에 "ERC"라는 이니셜이 들어가 있는데, 이 역시 그의 이니셜을 새긴 것이다). 흠, 그런데 뭔가 조금 이상하다. (11번) 우드라면 "Ely Wood"라고 부를 것이지 대체 무엇 때문에 "Wood"와 발음이 같은 조동사 "Would"가 그 이름에 포함되어 있냐는 것이다. 이에 대한 근본적인 이유를 따져 보기 위해서 한 때 "우드의 마술사"라 불리기도 했었던 "슈퍼 땅콩" 김미현 프로를 모셔 와야겠다. 그녀의 별명대로 그녀는 열렬한 "우드 예찬론자"였는데, 한 인터뷰에서 그녀는 11번 우드에 대해 "5번 아이언과 거리는 비슷하지만 탄도가 높고 런은 별로 없어 공이 떨어진 뒤 결과를 예상하기 쉬운 장점이 있으며, 또 러프에서 잘 빠져 나가기 때문에 페어웨이가 좁고 러프는 많으며 거리는 긴 코스에서 위력을 발휘한다"는 자기 나름의 소견을 밝히기도 했다. 또한 미국의 미녀 골퍼인 "미쉘 위" 역시 2017년 브리티시 오픈에서 3위를 차지한 후 "9번 우드는 하이브리드 4번 대신, 그리고 11번 우드는 5번 아이언 대용"이라며 호성적의 비결이 11번 우드 임을 당당히 밝히기도 했었다. 그러나...이러한 11번 우드에 대한 예찬과 성공 사례에도 불구하고 필자와 같은 일반 골퍼들은 11번 우드를 쳐보기는커녕 (시중에서 구입하기도 쉽지 않아) 심지어 구경도 못해본 경우가 허다하며, 많은 프로 골퍼들도 11번 우드에 대해 "스윙 스피드가 느려 롱 아이언으로 공을 충분히 띄우지 못하는 플레이어가 사용하는 클럽"이라는 냉정한 평가를 내리면서 웬만하면 잘 쓰지 않는다. 결론 : 11번 우드는 소수의 광팬이 있을지는 몰라도 일반적으로 높은 인기를 누리는 골프채는 절대 아니다. 흠, 그렇다면 대체 어떤 심산으로 11번 우드에 "Ely Would"라는 이름을 붙였는지 좀 알만할 것 같다. "Would"는 조동사 "Will"의 과거형으로 가정법에서 "~했을 것이다"라는 의미로 사용되기도 하고, 과거 시점에서 "~ 하고 싶다"라는 주어의 "의지"를 나타내기도 한다. 그렇다면 "Ely would (혹은 Would)"는 "Ely라면 이렇게 했을 것이다" 혹은 "Ely는 이렇게 하고 싶었을 것이다"라는 뜻이 될 것이다. 즉, 아직까지는 널리 대중화되지 않은 11번 우드지만 우리 회사를 세우신 창립자님께서는 "불타는 골프에 대한 열정(!)"으로 이 11번 우드를 아주 절묘한 타이밍에 사용하셨을 것이란 말이다. 그러니 어쩌라고? 그러니 하나 장만하시라고 ^^. 결론적으로 이 골프채의 제조사는 "Ely Wood"라는 재미없고 식상한 이름 대신 언뜻 보아 말장난 같으면서도 의미심장한 뜻(신상품이니 꼭 구입하세요~)을 담고 있는 "Ely Would"라는 별칭을 붙인 것이다. 믿거나 말거나. ^^.

자, 우드의 별칭에 대해서는 이렇게 마무리하도록 하고, 이제 정혁의 속을 박박 긁는 찍순이의 주특기인 아이언과 관련된 숨은 이야기들을 알아보도록 하자.


**Long Iron(롱 아이언)의 별칭은 "조져버리는 것",
그리고 Short Iron(쇼트 아이언)의 별명은 "사람의 코"?**

앞서 소개한 우드에 이어 이번엔 방향성과 정확한

거리가 주기능인 골프채 "아이언"에 대해서 알아볼 차례다. 본래 아이언은 그 길이와 클럽 면의 각도(보다 정확하게는 로프트의 각도)에 따라 1번부터 9번 아이언, 그리고 Sand/Pitch/Approach/Lob 등의 Wedge(웨지)가 있지만 일반적으로 3번부터 9번, 그리고 2개의 Wedge (Sand 및 Pitch)를 많이 사용한다 (물론 골퍼마다 조금씩 차이가 있을 수는 있다). 아이언의 번호가 낮을수록 클럽의 길이가 길고 로프트 각도가 낮아 공을 더 멀리 보낼 수 있기에 1번~4번까지를 "Long Iron", 5번~7번까지를 "Middle Iron", 그리고 8~9번과 Wedge를 묶어서 "Short Iron"으로 구분하기도 한다. 초보자를 위한 골프 교본에나 나올듯한 이런 식상한 애기는 여기까지만 하고, 이제각 아이언의 영어 별칭에 대해서 본격적으로 알아보도록하자.

1번 아이언 : Driving Iron. 요즘엔 골프 박물관에서조차 찾기 어려운 이 1번 아이언에 대해 전설적인 골퍼

"Lee Trevino(리 트레비노)"는 "1번 아이언은 신(神)도 치기 힘들다 (Not even God can hit a 1-iron)"는 명언을 남겼다. 이어 더해 1번 아이언이 긴요한 역할을 해서 우승을 했다는 아주 오래 전 기록이 몇 개 있긴 하지만 현재 PGA 랭킹 100위 안에 드는 골퍼 중 이 아이언을 사용하는 선수는 아무도 없다고 하니, 이제 1번 아이언은 골퍼들의 기억 속에서 완전히 사라져버렸다고 해도 과언이 아닐 것 같다. 하긴 유틸리티다, 하이브리드다 해서 (상대적으로) 치기도 쉽고 비거리도 보장되는 클럽이 사방에 널렸는데 샤프트는 길고 로프트는 낮아 골프의 신(神)마저 공을 제대로 맞히기 어렵다는 1번 아이언을 누가 쓰겠는가. 그러나 이러한 1번 아이언도 한 때 우드의 대표격인 "Driver"와 마찬가지로 아이언의 선두주자였던 적이 있었는지 예전에는 "Driving Iron(드라이빙 아이언)"이라는 별칭으로 불렸다고 한다 (앞서 설명한 것과 같이 "Drive"의 어원적인 뜻은 "가축이나 승객을 앞에서 이끌어 나가며 길을 인도하다"이다).

　　2번 아이언 : Mid Iron(미드 아이언). 참으로 놀랍지 않은가? 오늘날 일반 골퍼들은 3번 아이언도 제대로 치기 어려운데 예전에는 2번 아이언을 "Mid Iron"이라고 불렀다니 (물론 그 길이와 형태가 지금과는 좀 달랐을 수는 있다)! 골프계의 또 다른 전설인 "Tiger Woods(타이거 우즈)"는 20대 때 이 2번 아이언을 얼마나 잘 쳤는지 낮은 탄도로 무려 250야드를 날아가는 그의 공이 마치 스팅어 미사일(Stinger Missile)을 닮았다고 해서 스팅어 샷(Stinger Shot)이라고 불렸으며, 최근에도 젊고 저돌적인(?) 골퍼들이 2번 아이언으로 티샷을 하는 경우가 있기도 하고, 또 바람이 강하고 벙커가 깊은 홀이 많은 브리티시 오픈에서 세계 최정상급 골퍼들이 5번 우드보다 (샤프트가 짧아 제어하기 쉽고 탄도가 낮아 강풍의 영향을 상대적으로 덜 받는) 2번 아이언으로 치는 경우가 종종 있기는 하지만...타이거 우즈마저 30대 때부터 2번 아이언에 부담을 느끼며 사용 빈도가 눈에 띄게 줄어들었고 기타 프로 골퍼들 역시 다루기 어려운 이 아이언을 꺼리는 추세가 대세인 듯하다.

3번 아이언 : Mid Mashie(미드 매쉬). 최근 골프채

제조업체들이 미들 아이언의 비거리를 늘리기 위해 로프트 각을 점차 낮추면서 그 여파로 3번 아이언의 각은 거의 20도에도 미치지 못하게 되었고, 그 결과 더 치기 어려워진 이 3번 아이언은 상대적으로 치기 쉬운 유틸리티나 하이브리드로 대체되고 있다고 한다. 하지만 필자는 아직도 똑똑히 기억한다. 파4홀에서 티샷을 많이 못 보냈을 때 과감히 3번 아이언을 꺼내 "에라 모르겠다!" 하고 냅다 휘둘렀는데 온그린이 되어 버린 그 엄청난 사태(?)를 말이다 (그러나 대부분의 경우 뒤땅을 치면서 샷을 망친 후 자신의 잘못된 선택을 뼈저리게 후회하던 때가 대부분이었다. 쩝…). 그런데 3번 아이언으로 공을 거세게 "쌔려 버린" 필자처럼 그 옛날 스코틀랜드의 골퍼들도 이 아이언으로 볼을 "질러" 부리고 "조져" 버렸던지 그에 대한 별칭이 "Mid Mashie"란다. 뭐라고? "Mashie"의 뜻이 대체 무엇이길래 말을 그리 험하게 하냐고? 그에 대한 해답을 찾기 위해 먼저 이 단어의 동사형인 "Mash"에 대해서 탐구해 보자. "Mash"는 "으깨다 (to beat into a soft mass)" 혹은 "(사람의 신체 혹은 사물을) 으스러뜨리다,

산산 조각 내다 (to violently crush part of a body or an object)"는 뜻이며, 앞에서도 수 차례 등장했었던 접미사 "ie"를 여기에 갖다 붙이면 "으깨는 것(Mashie)"과 같은 의미가 되고, 스코틀랜드 방언으로는 "Sledgehammer (양손망치)"를 뜻하기도 한단다. 흠, 그래도 감이 잘 안 잡힌다면 레스토랑에서 스테이크를 주문했을 때 같이 따라 나오는 "Mashed Potatoes (감자를 삶아서 으깨어 우유, 버터, 소금으로 맛을 낸 요리)"를 머리 속에 한 번 떠올려 보시라. 그 단단한 감자가 어떤 모양으로 나오던가? 아주 푹~ 하고 삶아 진 것도 모자라 완전히 으깨어져 마치 죽처럼 보이지 않던가? 그렇다면 감자가 아니라 사람의 신체 일부분이 그렇게 됐다면? 아, 여기까지만 하자. 이 단어(Mash)의 본래의 뜻을 감안하면 우리말로 "쌔리다" 혹은 "조져버리다"라는 단어가 오히려 너무 얌전하게 (?) 들린다. 그럼 이제 다시 한번 상상해 보시라. 만일 골프채로 그 단단한 골프공을 묵사발, 아니 가루 조각으로 만들어 버리려면 얼마나 강력한 힘으로 "쌔려 버려야" 할지 말이다. 결론 : 골프볼을 아주 그냥 확! 하고 "조져

버리는" 그 강력한 도구가 바로 "Mashie" 되시겠다. 여담이지만 "Mash"를 대문자로 적은 "MASH"는 "Mobile Army Surgical Hospital (미 육군 이동 외과 병원)"의 준말이라는 것, 그리고 이를 제목으로 한 한국전쟁에 종군한 미군 의료인들의 이야기를 코믹하게 그려낸 소설과 이 소설을 각색한 아주 오래된 TV 드라마가 있다는 것도 참고로 알아두자.

4번 아이언 : Iron Mashie(아이언 매쉬), 5번 아이언 : Mashie(매쉬), 6번 아이언 : Spade Mashie(스페이드 매쉬). 4번부터 6번까지는 모두 (3번 아이언과 마찬가지로) 별칭에 "Mashie"라는 단어가 포함되어 있으므로 하나로 묶어서 설명해 보도록 하겠다. 흠, 근데 그 이름들을 슬쩍 들여다 보니 특별히 얘기할 거리도 없어 보이는데? 굳이 이 별칭들을 우리말로 번역해 본다면 4번 아이언은 "쌔리는 아이언 (Iron Mashie)", 5번은 "(공을) 가루로 만들어 버리는 아이언(Mashie), 6번은 "(공을) 산산조각내 버리는 삽같이 생긴 아이언 (Spade Mashie)" 정도 될라나? (그렇다면 별칭이 "Mid Mashie"인 3번 아이언은 "적당히 조져버리는 아이언"이 될지도 모르겠다). 여기서 굳이 집고 넘어 간다면 필자는 6번 아이언의 별칭인 "Spade Mashie"에 시비(?)를 걸고 싶다. 여러분들도 잘 아시다시피 "Spade"는 땅을 파는 도구인 "삽"을 의미하며, 우리가 즐겨 하는 카드 놀이인 트럼프에도 하트, 클로버 등과 함께 등장한다. 그리고 "삽"을 뜻하는 또 다른 영어 단어인 "Shovel"과 이 "Spade"를 비교해 보면, "Shovel"이 "(끝이 뾰족한) 큰 삽 (이름하여 '땅 파는 삽')"을 의미하는 반면 "Spade"는 "(끝이 뭉툭한) 작은 삽 (이름하여 '청소용 삽')"을 뜻한다. 끝으로 이 "Spade"가 들어간 숙어 중에 "Call a spade a spade"라는 표현이 있는데, 이는 "삽을 삽이라 부르다", 즉 "(말을 돌리지 않고) 솔직하게 얘기하다"라는 뜻이 되겠다. 흠, 그런데 필자는 이 숙어가 마치 "rain cats and dogs (비가 억수같이 내리다)"와 같이 셰익스피어 시대에나 통용 되었을 사어(死語)로 생각했건만, 이번 달 ('22년 10월)에도 영국과 미국의 신문 지상에 "Let's call a spade a spade~(우리 터놓고 한 번 얘기해 보자)", "I call a spade a spade and call it as I see it (난 말 돌리지 않고 직설적으로 얘기하는 사람이다)", 혹은 "The 66-year-old is known not to be afraid to call a spade a spade (올해 66세인 그 노인은 남 눈치 안보고 자신의 생각을 곧바로 얘기하는 것으로 유명하다)" 등과 같은 문장이 실리는 것을 보니 아직도 자주 사용되고 있는 표현이라고 할 수 있을 것 같다. 그래서 뭐 어쩌라고? 그래서 6번 아이언을 "Spade Mashie"라고 부르는 것과 함께 반드시 기억 하라고! 밑줄 쫙! OK? ^^.

7번 아이언 : Mashie Niblick(매쉬 니블릭), 8번 아이언 : Pitching Niblick(피칭 니블릭), 9번 아이언 : Niblick(니블릭). 3번에서 6번 아이언까지의 별칭에 공통적으로 "Mashie"라는 단어가 들어가 있다면 7번부터 9번까지는 모두 "Niblick"이 포함 되어 있다. 어원적으로 이 "Niblick"은 본래 "코(Nose)"를 의미하는 "Nibbe"에서 유래했다는 설이 가장 유력한데, 흠, 그렇다면 혹시 이 아이언들이 스코틀랜드인의 뾰족한 코를 닮아서 이런 별칭이 붙은 것일까? 그리하여 유심히 살펴봤더니 헤드 부분이 사람의 코와 약간 비슷해 보이기도 한다 (그러나 이러한 별칭이 어떻게 붙여졌는지에 대해서 확실히 밝혀진 것은 없다). 어찌됐건 간에 그 어원과는 큰 상관 없이 "Niblick"은 "짧은 아이언"을 뜻하므로 7번 아이언은 "쌔리는 짧은 아이언(Mashie Niblick)", 8번은 "피칭용 짧은 아이언 (Pitching Niblick, Pitching에 대해서는 잠시 후에 좀 더 자세히 알아보도록 하겠다)", 그리고 9번은 "그냥 짧은 아이언(Niblick)"이라고 할 수 있을 듯 하다.

그 다음은 아이언 중 길이는 가장 짧으면서도 헤드 무게는 가장 많이 나가는 "웨지(Wedge)" 차례다. (앞에서 간략히 알아본 것과 같이) 웨지의 종류로는 Sand/Pitch/Approach/Lob 등이 있으며, 그린으로부터 약 100미터 거리에서 공을 온그린 시키거나 해저드, 모래, 진흙 등에서 빠져 나오기 위해서 주로 사용된다. 자, 그럼 이들을 통칭하는 "Wedge"부터 시작해서 하나 하나씩 그 의미를 파헤쳐 볼까나.

제일 첫 순서는 "Wedge". 아, 그런데 이 단어, 벙커에 빠진 공을 탈출시키기 위한 "웨지 샷"만큼이나 까다로워 보인다. 왜냐고? 가지고 있는 뜻들이 얼마나 각양각색인지 좀처럼 감이 잘 오지 않기에. 우선 명사로서 제1의 뜻은 "쐐기 (틈에 박아 넣어 틈을 벌릴 수 있도록 하는 도구, 또한 물체를 집어 올리거나 출입문 등을 고정하기 위해서도 사용됨)"이며, 평평한 윗면이 경사를 이룬 (다시 말해서 한 쪽 끝은 두껍고 반대쪽으로 갈수록 얇아지는) 삼각형 모양의 도구라고 할 수 있겠다.

그리고 "Wedge"는 또한 "(쐐기 모양의) 한 조각"을 뜻하기도 하는데, "a wedge of cake"은 "케이크 한 조각"을 의미한다. 예를 들어 만일 케이크를 8등분 한 후에 (한 조각을) 측면으로 살짝 눕혀 놓으면 "쐐기"와 그 모양이 같아진다.

그 다음으로 "Wedge"는 "월급 (봉투)"를 의미하기도 하며, 그에 대한 유래가 참 재미있다. 때는 금화가 통용되던 시대의 영국. 중앙 정부가 금화의 제조를 도맡으면서 동전의 중량과 금의 순도를 일정하게 맞췄건만, 위조 금화 (좀 더 정확하게는 금의 함량이 부족한 "불량 금화")가 여전히 기승을 부렸다. 즉, 사람들이 동전의 테두리를 깎거나 가방에 금화를 넣고 세게 흔들어 떨어지는 금가루를 자신이 슬쩍~ 챙긴 후 (정부에서 정한) 표준 중량에 미달하는 금화를 시장에 마구 마구 유통시킨 것! 이에 제대로 된 가치를 지닌 금화인지 아닌지를 판별하기 위해서 금화를 4등분하여 각각의 무게를 재어 봤다고 하며, 그 잘려진 동전 조각이 (케이크 조각과 마찬가지로) "쐐기"와 그 모양이 비슷하다고 해서 "Wedge"에 "돈"이라는 뜻이 새롭게 추가 되었다는 것이다. 그리하여 지금도 영국에서는 "Wedge"가 "Pay-Packet ('월급' 혹은 '월급 봉투')"와 같은 의미로 사용되며, 때로는 역시 돈과 관계가 깊은 "Bribe(뇌물)"이라는 뜻으로도 쓰인다.

또한 "Wedge"는 속어로 "근육질의 남성"을 의미하기도 하기도 한다. 어떻게 해서 "쐐기"가 "근육질 남성"을 의미하게 되었는지 다방면으로 검색해 보았으나 결국 찾을 수 없었고, 필자가 추측하건대 "쐐기"의 삼각형 모양과 근육질 남성의 역삼각형 체형이 서로 비슷하게 보여 이러한 뜻을 갖게 되지 않았나 한다. 이 "Wedge" 외에 "Beefcake" 역시 속어로 "근육질 남성"을 의미하니 참고로 알아두자.

마지막으로 "Wedge"가 포함된 "Drive a wedge between A and B"라는 숙어도 있는데, 이는 "(본래 친했던) A와 B 사이에 불화를 일으키다" 혹은 "(A와 B를) 이간질 하다"는 뜻이 되겠다. 이 표현에서 "Wedge"는 "불화(Disagreement)" 또는 "마찰, 알력(Conflicts)"의 의미로 "Wedge"의 본래 뜻 (쐐기)을 머리 속에 떠올리면 쉽게 유추해 볼 수 있다. (앞에서 설명한 것과 같이) "쐐기"는 통나무나 바위와 같은 사물의 틈에 박아 넣어 그 사물을 여러 조각으로 쪼개는 것을 돕는 도구로서, 만일 이 쐐기를 사물의 틈에 박아 넣는 대신 사람과 사람 사이에 끼어 넣어 간격을 벌리면 이 둘의 거리는 점점 멀어질 것이며, 결과적으로 그들의 관계는 소원해질 가능성이 농후하다고 하겠다.

그럼 이번엔 동사로 넘어가 볼까나. "Wedge"는 동사로서 "좁은 공간에 몰다 (Force into a narrow space)"라는 의미이며, 예를 들어 "The truck got wedged under the railroad bridge"라고 하면 "그 트럭은 기차가 지나는 다리 밑에서 오도 가도 못하는 지경이 되고 말았다"는 뜻이 된다. 여기서 "Wedge"는 "쐐기"의 주요 기능 중의 하나인 "(문 등을 포함한 사물이) 움직이지 않도록 고정하는 역할"에서 파생 되었다고 볼 수 있으며, "Stick"의 과거 형인 "Stuck(움직일 수 없는, 갇힌)"과 유사한 의미가 된다.

흠, 지금까지 "Wedge"가 가진 여러 가지 의미에 대해서 알아봤는데, 어떠신가? 그 뜻이 하나로 수렴하는 게 아니라 마치 무한대로 발산하는 것 같아서 골치가 지끈지끈 아프신가? 하지만 필자가 생각하기에 "Wedge"의 제1의 뜻인 "쐐기"를 머리 속에 잘 떠올려 보면 다른 의미들은 쉽게 유추가 가능할 것 같다 (즉, 쐐기 → 쐐기 모양의 조각 → 쐐기 모양의 근육질 체형 → 쐐기가 만들어낸 불화 또는 알력, 뭐 이런 식으로 ^^). 끝으로, "Wedge" 아이언은 헤드 모양이 "쐐기"와 비슷해 보여 "Wedge (Iron)"라는 이름이 붙었다고 하는데, 못 믿겠다면 지금 당장 자신의 "Wedge"를 꺼내 "쐐기"와 그 외양을 상세히 비교해 보시기 바란다!

이제부터는 "Wedge"의 원조 격인 "Sand Wedge"로부터 시작해서 여러 종류의 "Wedge"에 대해서 알아보도록 하자. 이 책의 앞 부분에서 인류 역사상 최초의 골퍼는 몽둥이(Club)로 돌을 쳐서 공룡 알을 박살낸 무명(無名)의 원시인일 거라고 농담 반 진담 반 얘기했었는데, 아마도 이 "Sand Wedge"는 원조 논란이 없는 유일한 골프채일 것이다. 왜냐하면 그 어떤 골프 역사책에도 이 클럽의 최초 발명자이자 사용자가 미국의 골퍼인 "Gene Sarazen(진 사라젠)"이라고 쓰여져 있기 때문에! 그는 커리어 그랜드 슬램(Career Grand Slam, 평생에 걸쳐 브리티시 오픈, 마스터스, PGA 챔피언십, US 오픈 등 메이저 대회 4개를 한 번씩 다 우승하는 것)을 달성한 위대한 골퍼지만 본래 벙커 샷을 지독히도 못 쳤다고 한다. 이러한 자신의 약점을 보완하기 위해서 그는 자신에게 비행기 조종법을 가르쳐 주기도 한 대부호 "Howard Hughes(하워드 휴즈)"로부터 공학도들도 이해하기 어려운 "유체역학(!)"까지 전수받아 연구에 연구를 거듭하였고, 그 결과 아이언 밑바닥(Sole)에 "바운스(Bounce)"라 불리는 쇠붙이를 붙이면 클럽이 모래 속에 쳐 박히지 않고 튕겨 나온다는 사실을 알게 되었다고 한다. 일단 지식을 얻었으면 지행합일(知行合一)에 따라 반드시 실천해야 하는 법, 그는 직접 납땜을 해서 만든 세계 최초의 "Sand Wedge"를 실제 경기에서 사용했고, 그 후 연전연승 하게 된 그는 전설의 골퍼 반열에까지 오르게 된다. 흠, 어느 재벌가 회장은 "천재 1명이 10만 명을 먹여 살린다"는 말을 한 적이 있다고 하는데, 이를 샌드 웨지에 적용해서 "한 명의 천재가 6,660만명 ('21년 현재 전세계 골프 인구)을 모래 구덩이에서 구해냈다"고 하면 너무 심한 과장일까? ^^.

이 위대한 골퍼가 고안해 낸 "Sand Wedge"는 일명 "Sand Blaster (Wedge)"라고도 불리는 데, 벙커 샷을 한번이라도 쳐본 골퍼들은 알겠지만 벙커 샷은 샌드에 빠진 공을 직접 골프채로 치는 것이 아니라 골프공 바로 뒤의 모래를 아주 세게(!) 쳐서 볼을 모래와 함께 벙커에서 탈출시키는 것이 기본이기에 "모래를 폭파시킨다"는 의미의 "Sand Blaster (Wedge)"라는 별칭이 붙었다고 한다 (Blast : 폭파하다, Blaster : 화약을 장전하기 위하여 굴착하는 구멍, 영화 "스타 워즈"에 나오는 플라즈마 또는 입자 빔을 발사하는 총). 간혹 우리나라에서 발행되는 골프 잡지나 한글로 된 인터넷 블로그에 "Sand Wedge"의 별칭이 "Dynamite(다이나마이트)"라는 내용이 실리곤 하나, 영국이나 미국을 비롯한 골프의 본고장에서는 사용되지 않는 한국식 영어로 보인다.

그리고 이 웨지를 만들기 위해 아이언 밑 바닥에 붙이는 금속인 "Bounce"는 본래 "(깡충깡충) 뛰다", "(은행에서 수표에 대한) 지급을 거절하다", "탄력" 등의 뜻으로, 한국 가요계에서 알아주는 악동(?)인 "DJ DOC"가 부른 "Run to you"에 사용되는 후렴구 "Bounce with me, bounce with me~ ('나와 함께 깡충깡충 뛰어보자' 혹은 '같이 신나게 놀아보자')"에도 포함되어 있다. 또한 동사로서 "Bounce"는 "I've got to bounce"와 같이 "떠나다 (leave, go, take off)"라는 뜻을 가진 속어로도 자주 사용된다. 골프 용어로는 위에서 소개한 "(아이언 밑바닥에 덧대는) 쇠붙이"라는 의미 외에도 "Friendly Bounce (티샷한 볼이 나무나 돌에 맞고 골퍼에게 유리하게 튕겨 페어웨이로 내려오는 것)", "Bounce Back ('어려운 시기를 지나 다시 회복하다'는 '반등'의 의미로, 지난 홀에서 보기 이상의 나쁜 스코어를 기록한 골퍼가 이번 홀에서 버디 등 호성적을 기록했을 때 사용)과 같은 표현에도 쓰인다.

마지막으로 왠지 "Sand Wedge" 브랜드 명으로 잘 어울릴 것만 같은 "Sandman"은 북유럽에서 유래한 "수면을 부르는 요정 (잠드는 모래를 눈에 뿌려 졸음을 불러일으키는 요정)"을 의미하므로 참고로 알아두

자. 그리고 1993년도에 만들어진 "Philadelphia(필라델피아)"라는 영화에도 삽입되었던 1954년도(!) 빌보드 싱글 차트 1위곡 "Mr. Sandman"이라는 멋진 아카펠라 노래도..

이번엔 "Sand Wedge"에 이어 "Pitching Wedge"에 대해서 알아볼 차례다. (독자 여러분들도 잘 아시다시피) 이 웨지는 100 미터 이내의 거리에서 그린을 공략하기 위해 주로 사용되며 "Pitch Shot (피치 샷, 높은 탄도의 샷을 구사하여 목표 지점에 착지한 후 거의 구르지 않고 바로 정지하도록 치는 샷)" 혹은 "Chip Shot (칩 샷, 낮은 탄도의 어프로치 샷으로 볼을 바로 굴려서 핀에 붙이는 샷)"을 치는데 사용한다. 하지만 말만 쉽지 좀처럼 잘 하기 어려운 게 어프로치 샷을 포함한 쇼트 게임 인 것처럼 "Pitch(ing)"과 "Chip(ping)" 역시 언뜻 단순해 보이지만 엄청나게 많은 뜻으로 우리를 고생시킨다.

우선 "Pitch"는 스포츠 용어로서 "경기장"을 의미한다. 본래 "Pitch"는 야구의 조상 격인 "Cricket(크리켓) 경기장"을 가리켰는데, 현재는 야구의 라이벌인 "축구 경기장"을 주로 지칭하며 야구에서는 이와 전혀 다른 "투구(하다)"라는 뜻으로 사용된다 (그리고 야구에서 "Pitcher"는 "투수"라는 의미지만 맥주를 담는 "손잡이가 달린 용기"를 뜻하기도 한다). 그리고 우리 말로 "피치를 올리다 (여기서 '피치'는 '정도', '강도'라는 뜻)"의 원조가 바로 이 "Pitch"이며, 물건을 팔거나 사람을 설득하기 위해서 하는 "권유" 혹은 "홍보"를 뜻하기도 하고 (예를 들어 "sales pitch"), 석유에서 얻어지는 검고 끈적한 물질을 지칭하기도 한단다. 그런데 이 화학 물질의 색깔이 얼마나 검은지 "Pitch Black"이라고 하면 "새까만 색(Completely Black)"을 의미하고, 한 때 "백색 가전"이라 불리기도 했었던 가전 제품들이 최근에는 변색 방지 및 전자파 차단에 효과가 있고 좀 더 고급스러워 보이는 검은 색을 많이 채용하면서 "Pitch Black (혹은 Pure Black)" 색상의 제품이 본격적으로 출시되고 있기도 하다. 그리고 골프에서는 (앞에서도 설명한 바 같이) "높은 탄도로 쳐올리다"라는 뜻으로, 이는 "Pitch"의 본래 뜻인 "힘껏 내던지다"에서 유래한 것으로 보면 되겠다. 마지막으로 "Pitch a tent"는 "텐트를 치다 (= put up a tent)"라는 뜻이라고 한다. 이 "Pitch"에는 또 다른 뜻도 많지만 우리들의 정신 건강(!)을 위해서 여기까지만 하도록 하겠다.

그 다음은 "Chip". 제일 먼저 영어의 발상지인 영국에서 이 단어는 "감자 튀김(French Fries)"을 의미하며, 참으로 빈약하기 짝이 없는(?) 영국 요리들 중에서 그래도 가장 유명한 음식이 생선 튀김에 이 감자 튀김을 곁들인 "Fish and Chips(피쉬 앤 칩스)"가 되겠다. 그와 다르게 대서양 반대편에 위치한 미국에서 "Chip"은 우리나라에서도 큰 인기를 얻고 있는 "감자 칩(Potato Chips)"을 뜻한다 (영국에서는 이를 "Potato Crisps"라고 한다). 그리고 카지노 등 각종 도박 전문 시설에서 판돈을 걸 때 현금 대신 사용하는 것을 "Chip"이라고 부르는데, 여기서 유래한 것으로 보이는 "Bargaining Chip(협상 카드)"이라는 표현도 있다. 흠, 그런데 도박판에서의 "Chip"과 포테이토 칩의 모양이 모두 동글동글 한 것이 언뜻 비슷해 보이기도 한다. 또한 트랜지스터, 다이오드 등 전자 부품이 결합된 기판을 "(Electronic) Chip"이라고 부르며, 1990년대 반도체는 물론 대형 선박, 자동차, 아파트, 광고, 보험 등 우리가 생각 할 수 있는 거의 모든 사업에 "문어발식"으로 진출했던 한 대기업은 자신들의 사업 영역을 "Chip to Ship"이라고 표현하기도 했었다. 여기서의 "Chip"은 당연히 "Integrated Circuit(집적회로)" 등과 같은 전자 칩 (Electronic Chip)이 되겠다.

그리고 이 단어는 "(그릇이나 연장의) 이가 빠진 흔적", "(사물에서 떨어져 나간) 조각, 부스러기" 등의 의미도 가지고 있으며, "Chip off the old block"이라는 표현은 "오래된 토막(Old Block)"에서 "떨어져 나온 조각(Chip)"으로 이는 비유적으로 "부모(=Old Block)"와 "아주 닮은 자식 (=Chip)"을 뜻한다. 미국 프로야구의 전설적인 3루수 "Chipper Jones(치퍼 존스)"의 본명은 "Larry Wayne (Jones)"이지만 한 때 야구 코치였던 그의 아버지와 외모는 물론 야구에 대한 열정도 얼마나 닮았던지 어릴 때부터 "Chipper"라는 별명을 갖게 되었다고 한다. 스포츠 얘기가 나온 김에 이 "Chip"과 관련된 테니스 용어를 하나 소개하면, 골프 용어이기도 한 "Chip Shot"은 테니스에서는 "라켓을 앞으로 짧게 움직여 공의 아래쪽 뒷 면에 백 스핀을 거는 타법"이 되겠다.

이제 동사로 넘어가 보면, "Chip"은 "(식기 등의) 이가 빠지다", "(조금씩) 깎다 (~ chip away)", "(작은 조각으로) 만들다", "(동물의 신체에) 전자 칩을 심다" 등의 뜻을 가지고 있다. 흠, 언뜻 그 뜻이 너무 많은 것 같아 질리기도 하지만 이 "Chip"의 어원적인 의미가 "(나무 혹은 돌 등이 부서지면서 생긴) 작은 조각"임을 머리 속에 떠올리면 그 뜻들이 뇌 안에서 마치 파노라마처럼 쫙~하고 펼쳐질 것이다 (작은 조각 → 감자 조각 → 작은 조각처럼 생긴 돈 대용품 혹은 전자 부품 등

등, 그리고 동사는 앞에 열거한 명사를 만들거나 심는 행위를 의미). 마지막으로 이 "Chip"은 비유적으로 "돈" 을 의미하기도 하고, "Championship Game"의 준말로 도 사용된다고 한다. 이 단어가 가진 뜻은 더 있지만 여기까지만! ^^.


이제 "Wedge"의 종류 중 세 번째로 "Approach (혹은 Utility) Wedge"라고도 불리는 "Gap Wedge"에 대해서 알아보도록 하자. 이 웨지는 "Pitching Wedge"와 "Sand Wedge"의 중간 정도의 거리를 공략할 웨지가 필요하다는 요구에 따라 등장하였으며, 그리하여 그 명칭이 두 웨지의 차이를 메운다는 뜻으로 "Gap Wedge"가 되었다고 한다. 흠, 본래 "부족함을 보완하다, 모자란 부분을 채우다"는 의미의 영어 표현은 "Fill the gap"이건만, "보완하다, 채우다"를 뜻하는 "Fill"은 쏙 빠지고 "부족함, 차이"를 의미하는 "Gap"만 남아서 그 자리를 지키고 있으니 그 이름만 봐서는 "차이를 메우는 웨지" 인지 "차이를 벌리는 웨지" 인지 헛갈릴 수도 있겠다. 아무튼 최근에는 쇼트 게임을 좀 더 편하게 하기 위해서 치기 어려운 3~5번 아이언을 빼고 이 "Gap Wedge"를 많이들 챙겨 간다고 하며, 골프볼과 홀 사이에 장애물이 있고 낙하 후 약간의 런(Run)만 필요할 때 아주 요긴하게 쓰인다고 한다. 하지만 웨지를 하나 더 챙겨서 필드에 나간다고 해도 경제학에서 말하는 "한계효용 체감의 법칙 (Law of diminishing marginal utility, 재화 한 단위를 더 소비할 경우, 발생하는 추가적인 만족감은 감소한다는 경제학 법칙)"이 작용할 지 아니면 그 반대로 "한계효용 체증의 법칙 (Law of increasing marginal utility, 재화 한 단위를 더 소비할 경우, 발생하는 추가적인 만족감이 증가한다는 것)"이 작용할지는 오로지 골퍼의 역량과 심리 상태에 전적으로 달려있다고 할 것이다 (즉, 장비빨에만 의지하면 한계효용 체감의 법칙이 작용할 가능성이 농후하다는 것! ^^).

이번에 소개할 "Lob Wedge"를 끝으로 "Wedge"에 대한 소개는 마치고 "Putter"로 넘어가도록 하자. 이 단어의 사전적인 뜻은 "(공중으로) 높이 던지다", (공이 상대 선수의 머리 위로 넘어가도록) 높이 치다/차다"이며, 이 웨지는 주로 그린 주변에서 높이 띄운 후 런이 거의 없이 바로 공을 세워야 하는 상황에서 사용된다. 즉, 탄도가 높고 백스핀이 많이 걸리기에 낙하 지점으로부터 가까운 곳에 공이 멈추는 효과를 구현하기 위해서 사용된다는 것이다. 흠, 필자의 경험상 이 웨지로 골프공을 하늘 높이 올려 쳐서 홀컵 바로 옆에 툭!하고 떨어뜨린다면 정말로 기분 좋을 것 같다. 하지만 웨지 중 로프트 각이 가장 크기에 공이 빗겨 맞을 확률이 높고 백스핀 빈도가 늘어나 치기 굉장히 까다롭기 때문에 아마추어는 물론 프로 골퍼들도 잘 사용하지 않는다고 한다. 어원적으로 이 "Lob"는 본래 "포탄을 (하늘 높이 쏘아 포물선을 그리며) 적의 진지에 떨어뜨리다"라는 뜻이기에 전장에서의 죽음을 각오하고, 아니 쇼트 게임에서의 패배를 감수하고 과감하고도 통쾌한 샷을 원하는 골퍼에게 적합한 웨지요, 샷이라 하겠다.

이 "Lob"는 골프 외에도 테니스, 탁구, 축구 용어로도 사용되는데, 테니스나 탁구에서 로빙(Lobbing)은 공을 높이 쳐서 넘기는 기술을 뜻한다. 테니스에서는 주로 공을 상대방의 키를 넘어갈 정도로 높이 쳐 (상대편) 경기장 깊숙이 떨어지게 만들어 상대가 공을 받아칠 수 없게 하는 "공격용"으로 많이 사용되며, 탁구에서는 상대방의 강한 공격을 막아내기 위한 "수비용"으로 혹은 볼의 체공 시간을 일부러 길게 하여 상대의 미스 샷을 유발하기 위한 용도로도 사용된다. 그리고 축구에서는 "로빙 볼 (Lobbing Ball) 경합"은 큰 곡선을 그리며 느리게 날아온 공을 공격수와 수비수가 주로 헤딩을 통해 자신의 소유로 만들려고 경쟁을 벌이는 행위를 뜻하고, 이에 더해 "로빙 슛(Lobbing Shoot)"은 골키퍼가 골대 앞으로 전진해 있을 때 그의 머리 위를 넘기는 높고 느린 슛을 뜻한다. 현재 기준으로 세계 최고의 축구선수인 "Lionel Messi(리오넬 메시)"는 이 로빙 슛을 잘하기로 특히 유명한데, 툭~하고 찍어 차서 골키퍼 키를 살짝 넘기는 그의 로빙 슛은 정말로 일품이라고 하겠다. 한 골 먹은 골키퍼의 허탈한 표정은 덤...그리고 이 "Lob"의 본래의 의미와는 전혀 상관없으나 야구에서의 "LOB"는 Left on bases", 즉 잔루(殘壘, 한 팀의 공격이 끝난 상황에서 누상에 남아있는 주자)를 뜻하며 주자가 출루하기는 했으나 홈으로 들어오지 못해 결과적으로 점수를 올리지 못한 것이므로 헛심만 실컷 뺀 것으로 보면 되겠다. 자, (앞에서 언급한 대로) 이 "Lob Wedge"와 함께 "Wedge"는 물론 "Iron"에 대한 내용은 이렇게 마무리하고, 골프 클럽 중 마지막으로 "Putter"에 대한 여정을 시작해 보도록 하자.


## Putter(퍼터)는 Texas Wedge(텍사스 웨지)?

퍼터는 퍼팅(Putting)을 하기 위한 골프채이다. 그럼 퍼팅은? 퍼터로 공을 쳐서 그린 위의 홀컵 안으로 굴려 넣는 것이다. 아니, 넣으려고 시도하는 것이다. 너무 싱거운가? ^^. 하지만 퍼터로 하는 퍼팅이라는 행위 자체가 본래 좀 싱겁다. 골프 초보자는 물론 스포츠라고는 단 한번도 해 본 적이 없는 어린 아이도 그리 어렵지 않게 할 수 있는 것이 퍼팅이니 말이다. 하지만 골프 고수라고 해서 절대 우습게 봐서는 안되는 것이 바로 이 퍼팅인데, 그 이유는 드라이버나 아이언 샷은 "미터(Meter)" 수준의 정확성으로도 골프 고수가 될 수 있지만 이 퍼팅을 잘하기 위해서는 "센티미터(Centimeter)" 아니, 좀 심하게 말해서 "밀리미터(Millimeter)" 수준의 정확성이 요구되기 때문이다. 아마 골프를 좀 쳐보신 분들은 최소한 한 두 차례씩 경험이 있을 것이다. 공이 홀컵 바로 앞에서 멈춰 서버려 자신의 심장 박동마저 같이 멈춰버렸다던가, 홀컵 앞에서 약 0.1초간 멈춰 섰던 골프공이 하느님이 보우하사(?) 갑자기 홀컵 안으로 땡그르르~ 하며 빨려 들어가 버렸다던지, 혹은 홀컵 중앙을 향해 거세게 직진하던 공이 아쉽게도 홀을 한 바퀴 빙그르르~ 돌다가 튕겨 나왔다던지 하는 경험들 말이다. 이러한 상황에

직면하면 어떤 생각이 드시던가? 아마도 대부분은 "아, 조금만 더 세게 쳤더라면 (공이 홀 안으로 빨려 들어 갔을 텐데)" 혹은 "후유~, 몇 센치, 아니 몇 밀리만 옆으로 갔어도 (큰 일 날 뻔 했네)"하며 가슴을 치거나 쓸어 내렸을 것이다. 그 누가 그랬던가, "사소한 것은 절대 사소하지 않다"고. 이는 단 몇 밀리의 차이가 골프 스코어와 내기에서의 승패를 좌우할 수도 있기에 생긴 말이리라.

이러한 점에서 퍼팅은 야구에서의 번트(Bunt)와도 그 성격이 비슷한데, 골프에서 아무리 드라이버나 아이언 샷을 잘 쳐도 퍼팅을 포함한 쇼트 게임을 망치면 승부에서 패할 수 밖에 없듯이 야구에서도 아무리 홈런과 안타를 많이 쳐도 박빙의 승부처에서 번트를 제대로 대지 못하면 시합에서 절대 승리할 수 없기 때문이다. 하지만 필자의 소견으로는 야구의 번트보다 골프의 퍼팅이 훨씬 쉽다. 왜냐면 번트는 무려 최고 구속 160km로 날아오는 야구공을 방망이에 정확히 갖다 맞혀야 하지만 퍼팅은 라이(Lie)를 자세히 읽은 후 가

만히 서있는 공을 자신의 리듬에 맞춰 살며시(?) 치기만 하면 되기 때문이다. 쇼트 게임 전문가인 "Dave Pelz(데이브 펠츠)"는 "아마추어 골퍼는 프로 골퍼보다 라운드 당 8번 더 퍼팅하고 4번의 쓰리 퍼트(Three Putts)를 한다"고 얘기한 적이 있는데, 퍼팅은 드라이버나 아이언 샷에 비해 연마하기가 상대적으로 쉽기에 초보자들도 비교적 짧은 시간 내에 실력을 획기적으로 향상 시킬 수 있을 것이다. 그래서 어쩌라고? 새로 나온 비싼 퍼터만 구입할 생각하지 말고 퍼팅 연습 꾸준히 하라고! ^^. 그리고 퍼팅 연습하기 싫을 때마다 상기하라고! "Practice makes perfect! (완벽에 이르려면 끝없이 노력할 지어다"라는 영어 격언을! (하지만 그럼에도 불구하고 농구에서의 자유투 연습과 골프에서의 퍼팅은 언제나 연습 하기 싫다...왜? 재미없거든...)

자, 퍼팅 연습은 다들 각자가 알아서 잘 하도록 하시고, 이번엔 라운드 내내 기쁨보다는 불안과 실망을 번갈아 안겨주는 "Putt"의 어원에 대해서 알아 보도록 하자. 16세기 초반에 처음 등장한 이 말은 여러분들도 잘 아시는 기초 수준의 단어인 "Put"의 스코틀랜드 방언으로서, 본래 "밀다(push, shove)"라는 뜻이었다가 18세기 중반부터 "(골프공을) 부드럽고 주의 깊게 치다"라는 의미가 추가되었다고 한다. 흠, 그렇다면 "Putt" 역시 앞서 소개했던 "Baff", "Niblick" 등과 마찬가지로 스코틀랜드 출신이라는 것인데...하긴 태권도 용어는 거의 전부가 한국어이고 유도 용어는 대부분이 일본어이듯 (골프의 원조국은 자타가 공인하는 바와 같이 스코틀랜드이기에) 골프 용어는 당연히 스코틀랜드어 (혹은 스코틀랜드 방언)라야 맞겠지. 그리고 한 가지 재미있는 점은 동사 "Put"의 동명사 (또는 현재분사) 역시 골프에서의 "퍼팅(Putting)"과 같은 "Putting"이라는 것 (영어에서 단자음 + 단모음 + 단자음으로 이루어진 동사는 끝자음을 한 번 더 쓰고 "ing"을 붙임)이며, 또한 "Putt"의 런던에 사는 친구 뻘이라 할 수 있는 "Put"에도 "(사물을 특정 장소에) 집어 넣다"는 뜻도 있기에 이 둘은 정말 땔래야 땔 수 없는 아주 밀접한 관계라 하겠다.

"Putt"의 어원에 이어 "Putter"의 별칭에 대해서 알아보면, "Putter"는 간혹 "Texas Wedge"라 불리기도 한다. 그런데 "때와 장소"를 가리지 않고 언제 어디서나 항상 "Putter"를 위의 별칭으로 부를 수 있는 것은 아니고, 그린 밖에서 (피칭이나 치핑 대신) 퍼팅을 할 때만 "Texas Wedge"라고 한다는 것이다. 이 세상에 존재하는 모든 사물의 명칭과 마찬가지로 이 "Texas Wedge" 또한 그 유래에 얽힌 뒷이야기가 존재하는데, 텍사스는 미국 대륙에서 가장 큰 주로 건조한 평지가 많고 모래 폭풍이 많이 불며 사막 등 험한 지역이 많은 것으로도 유명하다. 그리하여 그곳에 위치한 골프장들은 그린 주변이 정리가 잘 안되어 있음은 물론 딱딱한 모래로 덮여 있는 경우가 많아 피칭 웨지나 샌드 웨지로 어프로치를 하면 소위 말하는 "뒷 땅"과 같은 미스 샷을 범하기 쉽다고 한다. 또한 그린 주변에서 공을 높이 띄우면 심한 바람에 휘말려 생각대로 나가지 않을 수도 있어 텍사스 출신 프로 골퍼들은 퍼터로 골프볼을 핀에 붙이는 시도를 많이 하며, 특히 20세기 중반 프로 골프계를 풍미했던 텍사스 출신 골퍼 "Ben Hogan(벤 호건)"이 그린 주위에서 치핑 대신 퍼터로 기가 막히게 공을 홀 근처에 붙여 퍼터에 "Texas Wedge"라는 별칭이 붙게 되었다는 것!

여기서 "Texas Wedge"라는 말이 나온 김에 이 장 첫머리의 "에피소드 2"로 다시 돌아가 보도록 하자. 정혁이 그린 밖에서 퍼터로 치자 찍순이는 "(골프) 매너가 없다"면서 투덜(?)거렸는데, 이는 정말로 매너가 없는 행동일까? 흠, 그런데 영국과 더불어 골프의 본고장이라 할 수 있는 미국 골프계에 그린 밖에서 퍼팅을 할 때 퍼터를 부르는 명칭 (Texas Wedge)까지 따로 있는 걸 보면 골프 매너에 벗어난 행위가 아닐 가능성이 매우 높을 것 같다. 또한 이 용어를 처음 사용했다고 알려진 "벤 호건"은 그린 밖에서 퍼터를 집어 들며 "Since the lie is bad, I'll use a Texas wedge for my approach (라이가 나빠서 텍사스 웨지로 어프로치를 해야겠어)"라는 말을 입버릇처럼 했다고 하는데, 아무리 인터넷을 찾아봐도 이런 그를 "(골프) 매너가 없다"는 식으로 매도(?)한 글은 전혀 찾아 볼 수가 없다.

또한 "어프로치 샷"을 멋들어지게 공중으로 띄우지 않고 그냥 때굴때굴 굴린 것까지도 찍순은 "참 골프를 재미없게 친다"며 격정에 찬 목소리로 정혁을 힐난했는데, 골프 격언 중에 "As a general rule, when you're around the putting green you should favor putting over chipping, and chipping over pitching, when those options exist (그린 근처에서는 퍼팅이 치핑보다 낫고, 치핑이 피칭보다 낫다)"는 말이 있는 걸 보면 어떻게 치던 간에 그건 골퍼의 자유 의지에 따른 선택이지 비난의 대상이 절대 아니라는 것이 필자의 견해이다. 마지막으로, 티샷을 드라이버로 하지 않고 아이언으로 했다고 해서 "얍살하다"고 할 수 있을까? 그렇게 생각하는 건 각자의 자유겠지만, 흠, 글쎄, 필자를 포함한 대다수의 골퍼들은 그 역시 개인의 선택일 뿐 심하게 한 마디 쏘아 붙일 대상은 아니라고 판단하는 것 같다.

단, 내기가 걸려 있다면 라운드를 시작하기 전에 동료 골퍼들과 "오늘의 룰(Rule)"에 대해서 협의 및 합의하면 원활하면서도 재미있는 골프를 즐길 수 있을 것이다. 결론 : 티샷을 아이언으로 하던 퍼터로 하던 그건 치는 사람 마음이다. 그건 그린 밖에서 퍼터로 치던, 피치 아이언으로 공중으로 높이 띄우던, 샌드 아이언으로 때굴때굴 굴리는 것도 마찬가지이다. 필자의 지인 중 한 명은 얕은 벙커에 빠진 공을 퍼터로 탈출시키더니 "흰 고양이던 검은 고양이던 쥐를 잘 잡는 고양이가 최고다"라는 모 중국 지도자의 명언을 인용하기도 했었다.

한편 "Texas Wedge"와 같이 "Texas"가 포함된 스포츠 용어로는 이 책을 읽는 분들께서도 잘 아실 "Texas Hit (빗맞은 공이 외야수와 내야수 중간의 아무도 잡지 못하는 곳에 떨어져 운 좋게 안타가 된 것, '바가지 안타'라고도 부름)"가 있다. 그런데 여러분들은 혹시 이

것도 아시는가? 미국에는 "Texas Hit"라는 용어 자체가 없고 야구의 본고장인 그 곳에서는 "Texas Leaguer Hit" 혹은 "Texas Leaguer"라는 용어를 사용한다는 것을? 그 유래에 대해서는 텍사스 출신 메이저 리거들이 소위 말하는 "바가지 안타"를 많이 쳐서 저런 명칭이 생겨 났다는 주장도 있으나 이는 전혀 근거가 없는 낭설일 뿐이며, 필자가 "Major League Baseball" 사이트에서 재확인해 본 결과 이는 1901년 당시 하위 리그였던 "Texas League(텍사스 리그)"에서 뛰던 "Ollie Pickering(올리 픽커링)"이라는 선수가 "Cleveland Blues(클리블랜드 블루스)"라는 상위 리그 팀으로 승격한 후 연속해서 7번이나 빗맞은 안타를 때려내자 그의 동료들이 이를 "텍사스리그 출신이 치는 안타"라는 뜻의 "Texas Leaguer Hit"라는 별칭으로 부르기 시작한 것에서 연유했다는 것이다. 최근에는 이를 줄여서 대부분 "Texas Leaguer"라고 부른다.

이제 이번 장을 끝낼 때가 된 것 같다. 이 장에서는 우드, (웨지를 포함한) 아이언, 그리고 퍼터 등 골프채의 종류와 기능, 그리고 그 별칭에 대해서 알아보았다. 옷이 날개라는 말과 같이 골프에서는 장비(특히 골프채)가 날개라는 말도 있고 또한 아마추어 골퍼는 장비빨이 골프 실력을 전적으로 좌우한다는 말도 있지만, 자기 본연의 실력이 아닌 외부의 도움에만 의지해서는 언젠가 그 한계에 부닥칠 날이 반드시 올 것이기에 좋은 장비를 갖추는 것도 물론 중요하겠지만 그와 동시에 스스로의 실력을 꾸준히 연마하고 키우는 것도 필요하다 하겠다. 그리고 마지막으로 기억하시라. 비싼 골프채를 너무 애지중지한 나머지 골프채에 의해 소유 및 속박 당하는 골퍼가 되지 말고 자신이 골프채의 주인이 되어야만 한다는 것을.

유감스럽게도(?) 이번 장이 이 책의 마지막을 장식해야 될 것 같다. 본래 필자의 목표는 "제4장.

Birdie – Eagle – Albatross, 나 완전히 새 됐어???"까지 이 시리즈의 제1권에 포함시키는 것이었으나, 이 글을 쓰면서 필자가 너무 "into the groove (좀 의역해서 '심하게 몰입한 나머지 흥에 겨워 마구 마구 써버리다')" 되어 버렸던지 아니면 광기(狂氣)에 사로잡혀 자기 자신의 존재 자체도 망각한 채 정신없이 써내려가 버렸던지 이번 3장까지의 내용을 끝으로 제1권을 마감해야 되겠다. 제2권에서는 "골프 스코어"를 시작으로 골프와 관련된 기타 장비, (골프장) 거리 단위, 영국과 미국의 골프 용어 차이, 그리고 유명한 골프장의 이름의 유래와 뜻에 대한 내용으로 채워 보려고 한다. 멀지 않은 시간에 다시 만나기를 고대하며 이만...^^.


\* **여기서 잠깐! 골프업체 명칭의 유래에 대해서 알아보자!**

Callaway, TaylorMade, Titleist, PING, XXIO, SRIXON,

Bridgestone, HONMA, MIZUNO. 이 영어 단어들은 모두 (여러분들도 잘 아시다시피) 골프장비를 만드는 업체들의 명칭이다. 필자를 비롯한 한국 골퍼들은 골프에 대한 강한 열정만큼이나 골프 장비에 대한 병적인(?) 애착으로도 유명한데, 필자 주변의 골퍼들 역시 항상 새롭게 마련한 골프용품에 대한 자랑을 늘어 놓기에 여념이 없다. 그런데 여기서 질문 하나! 명품 골프채나 새로 나온 골프공에 대한 관심의 반의 반의 반 만이라도 그 용품을 만드는 업체의 이름에 관심을 기울여 본 분 있으시면 손 한번 들어보시라! 아마 단 한 분도 없을 거라 생각하지만, 골퍼들이 골프용품 업체의 명칭보다는 골프 장비에 더 많은 관심을 갖는 것은 당연하기에 더 이상 뭐라고 하지는 않겠다 (^^). 다만 지금부터 유명 골프 장비업체들의 이름과 그 의미, 그리고 그들 브랜드의 숨겨진 뜻에 대해서 하나씩 소개하려고 하니, 많은 관심을 갖고 읽어주시기 바란다.

## PXG, 군대의 PX(Post Exchange)가 아님!

그 제일 첫 번째 타자는 골프채의 "Ferrari(페라리)"라 할 "명품 중의 명품" 골프채를 만드는 "PXG"가 되겠다. 필자가 한창 골프에 빠져있던 2000년대 초에는 듣도 보도 못했던 브랜드였기에 언제 창립된 업체인지 찾아보았더니, 아니 글쎄, 태어난 지 이제 8년 밖에 안된 신생업체란다. 흠, 그런데 사업을 시작한지 40년이 훌쩍 넘은 T나 G와 같은 글로벌 브랜드와 맞장(!)을 뜨고 있다니, 그 이름만큼이나 "Extreme"한 속도로 성장해 온 것임에 틀림없다. 앗, 그런데 "PXG"가 무슨 뜻인지 설명을 안했네 (^^). 이 "PXG"는 "Parsons Xtreme Golf"의 준말로서 창업자인 "Bob Parsons(밥 파슨스)"의 이름에 "극단적인, 최고의" 등의 뜻을 갖는 "Extreme"의 줄임말인 "Xtreme"을 갖다 붙인 것이다. 골프 시장에 진출한 지 8년 밖에 되지 않은 어린(?) 브랜드이지만 젊고 세련된 "차도녀" 혹은 "차도남"들이 매우 선호하는 골프채로 유명하다고 한다. 음, 그렇다면 지역으로 치자면 서울 강남의 청

담동이나 요즘 다시 부활의 날개짓을 활발하게 하고 있는 로데오거리 정도 되지 않을까? ^^.

이 "Bob" 회장님은 베트남전에 참전하시기도 했던 해병대 출신으로서, 제대 후 회계사 일을 하다가 소프트웨어 개발업체와 "GoDaddy.com"이라는 인터넷 도메인업체를 창업해 큰 돈을 벌었다고 한다 (재산이 무려 조 단위!). 지독한 골프광이었던 그는 자신의 마음에 드는 골프채가 없다는 이유로 2008년에 아예 직접 골프용품 회사를 차려버렸다. 그런데 이 분, 참으로 독특한 데가 있다. 왜냐하면 골프채 이름에 군대에서 사용하는 주특기 (군대에서 각 군인이 수행하는 주요 임무를 분류한 것) 번호를 갖다 붙였기 때문에. 그 결과, 아이언 명칭은 "MOS 0311"로 "소총수(Marine Rifleman)"를, 드라이버는 "MOS 0811"로 "야전 포병(Field Artillery Cannoneer)을, 하이브리드는 "MOS 0317"로 전초 저격수(Scout Sniper)"를, 페어웨이 우드는 "MOS 0341"로 불리며 "박격포병(Mortarman)"을 의미한다. 1990년대 초 용산 미군부대에서 카투사 헌병으로 복무했었던 필자의 주특기는 "95B"이었는데, 아쉽게도 아직까지는 PXG에서 만드는 골프채의 이름에서 발견할 수가 없다. 그리고 주특기 번호 앞에 붙은 "MOS"는 "Military Occupational Specialties"로서 (여러분들도 이미 알아차리셨겠지만) 우리말로는 "주특기"이다. 마지막으로 PXG에서 만드는 퍼터 중에는 "Gunboat(포함, 포를 갖춘 전함)"이라는 제품도 있다고 하니, 남들은 제대만 하면 모두 다 잊어버리고 싶은 것이 군대 시절의 기억이건만 이 분은 "하루 하루 살아 남는 게 목표"였다는 베트남전에서의 추억이 워낙에 강렬했던 모양이다.

이렇게 골프채에 군대 용어 정도만 갖다 붙였다면 한 퇴역 군인의 애국 충정의 발로라고 미국 전역에서 엄청난 추앙을 받았겠지만, 그는 회사 이름에 포함된 "Xtreme(Extreme)"의 뜻과 같이 극한으로 치달으며 또 한번 화제의 중심에 서게 된다. 그것은 바로 새로 출시한 웨지에 "Sugar Daddy"라는 이름을 붙였기 때문! 흠, 이 "Sugar Daddy"란 말은 영어를 좀 한다는 사람들은 다 아시겠지만 점잖은 자리에서는 입에 올리기도 참으로 부담스러운 단어일진데, 어찌하여 그는 명품 골프채에 이런 이름을 갖다 붙여 모든 골퍼들이 입방아를 찧게 만들었을까. 그것이 설령 신생업체의 고도의 마케팅 전략일지라도 조금 과했던 것만은 틀림없다. 이 표현의 뜻은 예전에는 우리말로 "기둥서방" 혹은 "제비족"이라고도 번역되기도 했지만 엄밀히 말해서 그들과는 완전히 상반된 의미를 갖는다고 할 수도 있다. 왜냐면 "Sugar Daddy"는 "젊은 여성에게 돈이나 선물을 대가로 성관계를 요구하는 나이 든 돈 많은 남자"를 뜻하기에 폭력이나 관계 폭로 등을 무기로 여성 피해자들로부터 돈을 뜯어 내는 기둥서방이나 제비족과는 그 차원(?)이 다르기 때문이다. 굳이 이 "Sugar Daddy"를 우리말로 옮기자면 "원조교제 남(男)" 혹은 "스폰 (스폰서 남)" 정도가 될 듯 하다. 아마도 그는 이 이름을 붙인 웨지를 출시하며 이렇게 말하고 싶었을지도 모른다. "나는 논란을 두려워하지 않는다. 오히려 나는 논란을 일으키고 싶

다"라고

흠, 그런데 볼티모어의 빈민가에서 태어나 자수성 가한 그가 자신의 아버지를 매우 존경했는지 아니면 정말로 좋은 아빠가 되고 싶어서 그랬는지는 모르겠 지만, 그가 창업한 회사 (GoDaddy)도 그렇고 웨지 이름 (Sugar Daddy)에도 모두 "Daddy"가 들어가 있 다. 그의 하나밖에 없는 자식에게 그가 정말로 좋은 아빠였는지 아니면 엄한 아빠였는지는 불분명하나 그 의 아들은 마약 중독, 동거녀 폭행 등의 혐의로 뻔질 나게 재활원과 재판장을 들락거리고 있다고 하니, "Daddy"라는 단어를 아주 좋아하시는 "Bob" 회장님 이 되고 싶었던 진짜 "Daddy"는 무엇이었을지 심히 궁금하기만 하다. 주제와 조금 빗나간 얘기이기는 하 나 최근 화제가 되고 있는 소설이자 영화의 제목인 "Where the crawdads sing"에도 "Daddy"의 준말인 "Dad"가 포함된 "Crawdad"가 들어가 있는데, 그렇다 면 "Crawdad"는 무슨 뜻일까? 놀랍게도(?) 이 단어의 뜻은 "가재"라고 하며 (따라서 영화의 제목은 "가재가 노래하는 곳"이 된다), "Crawdaddy" 혹은 "Crayfish"도 모두 같은 의미라고 하니 참고로 알아두도록 하자.


**Titleist, 그대가 진정한 챔피언!**

1980년대부터 1990년대 말까지 우리나라에서 꽤 나 유명했던 종합 패션 브랜드가 있었다. 그 브랜드 의 이름은 바로 "Heartist(하티스트)". 한동안 보기 힘 들었던 이 브랜드는 2019년 장애인을 위한 패션 브 랜드를 표방하며 재런칭하였고, 현재는 ""Universal Fashion(유니버설 패션, 장애인 뿐 아니라, 비장애인까 지 편안하고 세련되게 착용할 수 있는 옷)"의 대표적 인 브랜드로 활발하게 사업을 확장해 나가고 있다. 그런데 필자와 같이 1990년대에 직장 생활을 시작한 당시 사회 초년생들이 이 브랜드를 부르는 이름이 따 로 있었으니, 그것이 바로 "가슴주의자"였다. 그 단어 자체 (Heartist)가 "Heart(가슴, 마음)" + "~ist(~하는 사람)"로 구성되어 있던 데다가 1990년대까지만 해도

"자본주의자", "공산주의자", "이상주의자", "기회주의자"와 같이 특정 단어에 "~주의자"를 붙여 부르는 것이 유행이었기에, 또한 그 때만 해도 영어가 아닌 우리말을 애용하는 것이 진정한 애국의 길(?)이라 믿었기에 (엄밀히 따지자면 '주의자'는 본래 중국말이긴 하다...) 그렇게 불렀으리라. 한편 이 "Heartist"와 그 조합이 비슷한 단어로서 골프공을 비롯한 전세계 골프용품 시장을 장악한 브랜드가 있는데, 그것이 그 유명한 "Titleist" 되시겠다.

(여러분들도 잘 아시다시피) "Title"에는 "제목", "직함", "선수권" 등과 같은 여러 가지 뜻이 있으며, 그 중에서도 "선수권"은 바로 "우승자로서의 지위" 혹은 "승리자의 권리"를 의미한다. 그렇다면 "Title"과 "~ist"가 결합한 "Titleist"는 무슨 뜻이 될까? 그렇다, 이는 "Champion (우승자, 승리자)"과 같은 의미가 된다. 전세계 골퍼의 75퍼센트가 이 단어를 명칭으로 한 골프공을 사용한다고 하니, 최소한 골프공에 있어서 "Titleist"는 진정한 글로벌 챔피언이라 해도 과언이

아닐 듯 하다.


　　1935년에 처음 등장한 "Titleist"의 역사를 유심히 살펴보다 보면 이 브랜드와 (앞서 소개한) "Haskell Ball(하스켈 골프공)"이 묘하게 맞닿아 있다는 것을 깨닫게 된다. 즉, "Coburn Haskell(코번 하스켈)"이 "하스켈 공"을 발명하게 된 첫 번째 계기가 고무 뭉치를 돌돌 말아서 땅에 튀긴 아주 우연하고도 사소한 사건 이듯이, "Titleist"의 시작 역시 "Acushnet(아쿠쉬네트)" 라는 고무 회사의 사장이었던 "Phil Young(필 영)"이 퍼팅에 실패한 사소하면서도 아주 작은 일에서 비롯됐다는 것! 자신의 퍼팅은 완벽(!)했으나 잘못 만들어진 공 때문에 퍼팅에 실패했을 거라 믿은 그는 골프 공을 X-Ray(엑스 레이)로 찍어 보았고, 결국 공의 한가운데 있어야 할 고무코어가 한 쪽으로 쏠려 있어 골프공이 제대로 구르지 않는다는 결론에 도달하게 된다. MIT 기계공학과를 졸업한 엘리트이자 사업가였던 그는 "코번 하스켈"과 마찬가지로 약 3년간 연구에 연구를 거듭, 1935년에 드디어 고무 코어를 포함한 골프공의 성능을 대폭 개선하여 최초의 "Titlelist" 골프공을 시장에 출시하게 된다. 그 후 그가 개발한 공의 진가를 알게 된 골프 프로들이 다투어 이 공을 사용하게 되면서 "Titleist"는 전세계 최고의 골프공이 되었음은 물론 1970년에는 골프채, 그리고 2013년에는 골프 웨어 시장에까지 진출하여 오늘에 이르게 되었다.

이 책의 앞 부분에서 골프의 탄생에 대한 비화를 소개하면서도 언급한 적이 있지만, 사과나무는 아이작 뉴턴의 집 근처에만 있었고 괴물이 나오는 꿈은 (프랑켄슈타인의 작가인) 메리 셜리만 꾸었는가? 그리고 스코틀랜드 목동만 지팡이로 돌멩이를 치면서 무료한 시간을 죽였겠는가 말이다. 이와 마찬가지로 "코번 하스켈"만 장난으로 고무를 땅에다 튀기고 "필영"만 골프를 치다가 아쉽게 퍼팅에 실패했을까? 그렇지 않다! 수많은 사람들이 "아이구, 잘 튀네!"하면서 연신 벽에다 고무나 튀기고 있을 때, 또 퍼팅에 실패하고 나서 "에이, 이번엔 좀 더 비싼 퍼터를 사야겠어!"라고 투덜거릴 때 그들은 끝없는 탐구 정신과 불굴의 도전 정신으로 새로운 길을 개척했던 것이다. 결론 : 타고난 머리로 끊임없는 노력을 하는 천재만이 인류의 역사를 바꾼다. 물론 더 좋은 쪽으로. 그리고 그들을 우리는 이렇게 부른다. 진정한 "Titlelist (승리자, 챔피언)"라고.

여담으로, "Titlelist" 브랜드를 보유한 아쿠쉬네트는 비록 미국 증시에 상장되어 있는 미국회사지만 2011년 7월에 휠라 코리아와 미래에셋 PEF 등이 포함된 컨소시움이 지분 100%를 인수하여 명실상부한 "한국 자본 소유의 미국 회사"가 되었다. 또한 이 업체와 함께 글로벌 골프 시장에서 자웅을 겨루는 T사 역시 2021년 한국계 자본이 인수하며 또 다른 골프계의 강자인 C사를 제외한 골프업계의 "Top 3" 중 두 개가 한국의 품으로 들어오게 되었다. 그렇다면 이렇게 결론 내릴 수 있지 않을까? 골프공의 진정한 챔피언은

"Titlelist", 골프계의 진정한 "Titleist"는 한국이라고 말이다. ^^. [ 2권에서 계속 ]